Carolin Hensler

NATURFORSCHER

Unsere Umwelt

on

Inhalt

Klima und Klimawandel

Energie

Das Wetter

Wasser

Pflanzen & Tiere

Die Müllproblematik

Was ist **Klima** eigentlich?

Warum ist das Wetter im Süden eigentlich schöner als bei uns? Der Grund ist das andere Klima dort. Klima ist der Oberbegriff dafür, wie das Wetter in einer Gegend typischerweise ist. Um das herauszufinden, beobachten Forscher bis zu 30 Jahre lang das Wetter vor Ort!

Klimazonen: Wetterzwillinge

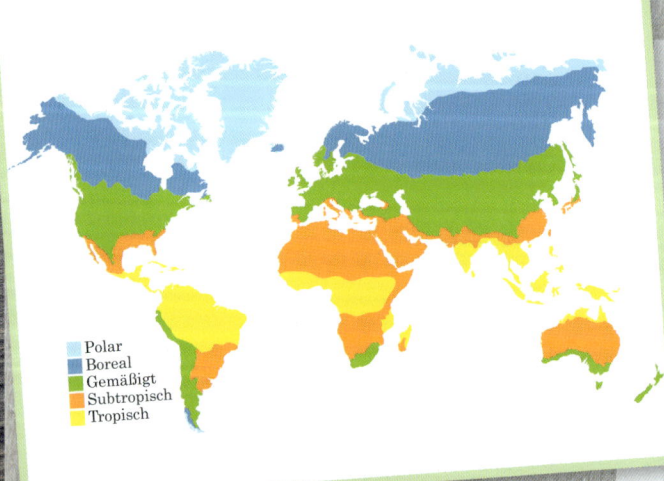

Polar
Boreal
Gemäßigt
Subtropisch
Tropisch

Klimazonen sind Gebiete mit gleichem oder ähnlichem Wetter. Wie das Klima irgendwo ist, entscheidet vor allem die Sonne. Ihre Strahlen treffen nicht überall gleich stark auf die Erde. Der Grund: Die Erde hängt leicht schief im All und dreht sich auch noch!

4

Klimazonen-Steckbrief

Tropische Zone

☐ **Klima:** Sehr feucht oder sehr trocken
Umgebung: Regenwald, Savannen

Subtropische Zone

☐ **Klima:** Heiße Sommer, milde Winter
Umgebung: u. a. Savannen, Wüsten, Mittelmeer

Polare Zone

☐ **Klima:** Das ganze Jahr eiskalt (unter 0 Grad)
Umgebung: Eis, Gletscher

Quiz

Welches Tier wohnt in welcher Klimazone? Schreibe die richtige Nummer in die leeren Kästchen des Steckbriefs!

a) Fuchs, b) Pinguin, c) Tukan, d) Elch, e) Skorpion

Lösung: a) Gemäßigte Zone b) Polare Zone c) Tropische Zone d) Boreale Zone e) Subtropische Zone

Gemäßigte Zone

☐ **Klima:** Vier Jahreszeiten, milde Temperaturen
Umgebung: Nadel- und Mischwälder

Boreale Zone

☐ **Klima:** wie in der gemäßigten Zone, aber kühler
Umgebung: Nadelwald, Tundra

5

KLIMAMOTOR & LUFTMÄNTELCHEN

Die Sonne und die Atmosphäre sind superwichtig für unser Klima. Warum? Das erfährst du hier!

Es werde Licht!

Ohne unseren »Klimamotor« Sonne gäbe es kein Leben auf der Erde. Es wäre im wahrsten Sinne des Wortes zappenduster und klirrend kalt! Wenn die Sonne nämlich auf die Erde scheint, wird ihr Licht in Wärme umgewandelt. Sie bestimmt also auch die Temperatur auf unserem Planeten. Und das, obwohl sie 150 Millionen Kilometer von uns entfernt ist!

Bumerang-Licht

Das Sonnenlicht verhält sich auf der Erde wie ein Bumerang. Wusstest du das? Der Grund: Helle Flächen strahlen es stark zurück. Deswegen sind der Nordpol und der Südpol mit ihrem vielen hellen Eis auch so wichtig im Kampf gegen die Erderwärmung. Wenn das Licht zurückgestrahlt wird, verschwindet es im All – es wird also nicht so heiß bei uns. Aber: Würde alles Licht reflektiert, wäre es natürlich wieder viel zu kalt. Hier kommt die Atmosphäre ins Spiel!

Ein Mantel aus Luft

Die Atmosphäre musst du dir wie eine dicke Luftschicht vorstellen. Sie umgibt die Erde rundherum und ist unglaubliche 1000 Kilometer hoch! Für unseren Planeten wirkt sie wie ein Mantel. Sie hält nämlich einen Teil des zurückgeworfenen Sonnenlichts davon ab, wieder ins Weltall davonzuzischen. Die clevere Folge: Es bleibt warm bei uns auf der Erde.

Male mit einem Filzstift einen Ring um die Erde und zeichne so die Atmosphäre ein!

Hast du's gewusst?

Die Sonnenstrahlen enthalten auch eine für uns Menschen gefährliche Strahlung – die UV-Strahlung. Sie kann unsere Haut oder die Augen schädigen. Die Atmosphäre fängt einen Teil davon über ihre Ozonschicht ab. Aber nicht alles! Deswegen gilt: Bei Sonnenschein immer Sonnencreme auftragen.

KLITZEKLEINE KLIMA-ZEITREISE

Die Erde ist steinalt, ungefähr 4,5 Milliarden Jahre! Das an sich ist schon spannend. Aber wie war wohl erst das Klima früher?!

Staun-Fact:

Das Wasser kam wahrscheinlich mit einem galaktischen Wassertaxi zu uns! Forscher glauben, dass ein Komet es mitbrachte, als er einschlug.

Staubtrocken, pitschnass, schockgefrostet

In ihren ersten Millionen Jahren musste die Erde ein ziemliches Klima-Pingpong mitmachen. Zunächst war sie nur ein glühend heißer Ball aus Staub und Gestein. Erst rund 500 Millionen Jahre später, als sie sich abgekühlt hatte, kam das Wasser dazu. Danach war ihre Oberfläche eine ganze Weile lang ein riesiger Ozean. Mit der ersten Eiszeit vor 2,5 Milliarden Jahren verwandelte sie sich dann für lange Zeit in einen gigantischen Schneeball!

Wechselhaft bis feurig!

In den nächsten Zigmillionen Jahren war es nicht nur kalt, sondern auch warm. Der Grund: Vulkanausbrüche. Die haben die Luft ordentlich aufgeheizt. Nach einer echt heftigen Eiszeit vor 320 Millionen Jahren waren es auch die explodierenden Berge, die einer ganz besonderen Spezies den Weg ebneten: nämlich den Dinos!

Kontinente auf Wanderschaft

Heute befinden wir uns übrigens in einer Eiszeit. Aber in einem wärmeren Abschnitt. Als die Kontinente loswanderten, gab es nämlich einen Temperatursturz. Schuld daran waren die Meeresströmungen. Sie flossen durch die sich verschiebenden Kontinente anders und beeinflussten mit ihrem warmen und kalten Wasser das Wetter.

? Hast du's gewusst?

Die Dinosaurier lebten im warmen Erdmittelalter vor 250 Millionen Jahren.

DER TREIBHAUSEFFEKT:
Schurke oder Held?

Der Treibhauseffekt gilt oft als der Schurke im Klimawandel. Dabei könnten wir ohne ihn gar nicht leben!

Clevere Luft-Heizung: der natürliche Treibhauseffekt

Staun-Fact:

Ohne den Treibhauseffekt wäre es ungefähr -18 Grad kalt auf der Erde!

Der Treibhauseffekt ist das gigantische Heizungssystem der Atmosphäre. Das Sonnenlicht wird nämlich von der Erdoberfläche reflektiert und in der Atmosphäre abgefangen – und zwar von den Treibhausgasen. Das sind vor allem Wasserdampf, Ozon und Kohlendioxid. Sie hindern die Wärme daran, vollständig ins Weltall zu verschwinden, und strahlen sie teilweise zur Erdoberfläche zurück. Das ist clever, denn auf diese Weise bleibt es bei uns warm!

Wärme entweicht ins Weltall

Sonnenlicht

Sonnenlicht wird reflektiert

Treibhausgase fangen Wärme ein

CH_4 CO_2 SF_6 N_2O

Wieso ist der Treibhauseffekt ein Problem?

Durch unsere Fabriken und den Verkehr produzieren wir Menschen aber leider zusätzlich viele Treibhausgase, vor allem Kohlendioxid. Die sammeln sich dann in der Atmosphäre.
Die Folge: Es wird immer wärmer bei uns auf der Erde!

!! Probier's aus!

Baue dein eigenes Mini-Treibhaus!

Du brauchst:
- 2 Gläser
- 1 Glasschüssel
- Wasser
- Thermometer

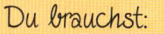

Fülle die beiden Gläser mit genau gleich viel Wasser. Stelle sie dann in die Sonne, wobei du die Glasschüssel über eines der beiden Gläser stülpst. Nach ein bis zwei Stunden misst du jeweils die Wassertemperatur. Was fällt dir auf?

Ergebnis: Das Wasser im Glas unter der Schüssel ist wärmer. Der Grund: Das Sonnenlicht hat sich in Wärme verwandelt, als es auf die Wassergläser getroffen ist. Beim Glas unter der Schüssel konnte die Wärme aber nicht entweichen. Sie war wie in einem Treibhaus gefangen!

11

Natürliche CO$_2$-Putzfeen

Auch die Natur setzt Kohlendioxid frei. Anders als wir Menschen kann sie es aber wieder aufnehmen. Sie putzt sich praktisch selbst! Dafür hat sie natürliche Helferlein, die Kohlendioxid senken.

Hitliste der Klima-Helfer:

Die Ozeane

Die Gesteine

Die Meere nehmen fast ein Viertel des von uns Menschen verursachten CO$_2$ in der Luft auf. Echt viel!

Auch Gesteine sind gierige CO$_2$-Schlucker. Vor allem im Kalkgestein wird viel Kohlendioxid gespeichert.

Was ist Kohlenstoff eigentlich?

Kohlenstoff ist ein chemisches Element. Ohne ihn gäbe es das Treibhausgas Kohlenstoffdioxid gar nicht. Das entsteht nämlich erst, wenn sich Kohlenstoff mit Sauerstoff verbindet.

Die Pflanzen

Um bei der Fotosynthese neue Blätter und Stängel zu bilden, verwenden Pflanzen CO$_2$ und geben Sauerstoff ab. Außerdem speichern sie das CO$_2$.

Zu viel ist zu viel!

Die Natur nimmt auch einen großen Teil vom menschengemachten CO_2 auf. Aber es wird einfach zu viel! Die Meere können kaum noch CO_2 speichern. Der Grund: Durch die Erderwärmung wird ihr Wasser immer wärmer. Warmes Wasser kann das Gas aber wesentlich schlechter speichern als kaltes.

Probier's aus!

Cola-Explosion!

Du brauchst:

- 1 gekühlte Flasche Cola
- 1 warme Flasche Cola
- 2 Pfefferminzbonbons

Warmes Wasser speichert weniger CO_2 als kaltes – glaubst du nicht? Öffne beide Cola-Flaschen und lass in jede ein Bonbon fallen. Schau, was passiert!

Das Ergebnis: Fontänen aus Cola-Schaum schieben durch die Öffnung, wobei die Fontäne der warmen Flasche viel höher ausfällt. Warum ist das so? Cola ist voller CO_2 – das ist der Blubber im Getränk. Durch das Minzbonbon wird er gelöst. Nach dem warmes Wasser CO_2 nicht gut festhalten kann, wird in der warmen Flasche mehr davon freigesetzt und schießt besonders stark in die Höhe.

Der natürliche
Klimawandel

Das Wort »Klimawandel« hast du bestimmt schon mal gehört. Es bedeutet vor allem, dass die Erde immer wärmer wird. Und daran ist hauptsächlich der Mensch schuld. Aber auch die Natur verändert das Klima!

Zappelphilipp Erde

Die Erde hängt ganz schön schief im All. Momentan liegt ihr Neigungswinkel bei 23,4 Grad. Das ändert sich allerdings innerhalb mehrerer Jahrtausende immer wieder. Die Folge: Die Sonne strahlt unterschiedlich auf die Oberfläche und die Klimazonen wandeln sich.

Oh weia! Die Erde eiert

Stimmt echt – in einem Zeitraum von 100 000 Jahren ändert sich die Umlaufbahn der Erde von kreisrund zu mehr oder weniger eiförmig! Das bringt die Erde der Sonne näher und verändert das Klima. Solche Schwankungen können sogar eine Eiszeit auslösen.

Vulkane – ganz schöne Dreckschleudern

Manche Vulkane können nicht nur dafür sorgen, dass die Temperatur steigt, sondern auch dass sie dauerhaft sinkt! Bei besonders heftigen Ausbrüchen werden nämlich Tonnen an Asche und Gasen in die Luft geschleudert. Vor allem die schwefelhaltigen Gase bewirken dann, dass die Luft jahrelang abkühlt. Sie saugen nämlich einfach die Wärmestrahlung der Erde auf.

Quizfrage

Richtig große Vulkanausbrüche können das Klima verändern. Wie nennt man sie? Kreuze die richtige Antwort an!

- ☐ Megaexplosion
- ☐ Ultradetonation
- ☐ Supereruption

Lösung: Supereruption

15

Der Klimawandel –
vom Menschen gemacht

Wir Menschen sind am meisten schuld daran, dass sich das Klima verändert. Denn wir produzieren so viel CO_2, dass sich der Treibhauseffekt beschleunigt. Aber wie machen wir das?

Stromerzeugung

Die Erzeugung von Strom ist einer der größten Bösewichte, wenn es um den Klimawandel geht. Ob dein Smartphone, die elektrische Zahnbürste, der Wasserkocher oder der Herd – all das benötigt Strom. Und der wird durch das Verbrennen fossiler Brennstoffe wie Kohle, Öl oder Gas gewonnen. Dabei entsteht aber leider sehr viel CO_2!

Naturforscher-Beobachtungs-Logbuch

Wie oft am Tag benötigst du Strom?

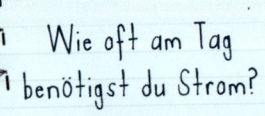

Gegenstand	Dauer
. . . .	. . . .
. . . .	. . . .
. . . .	. . . .
. . . .	. . . .
. . . .	. . . .
. . . .	. . . .

Ganz schön oft, oder? Deswegen solltest du ab jetzt, wann immer es geht, Strom sparen! Spannende Tipps dazu findest du auf Seite 38/39.

Weitere Umweltsünder

Verkehr

Für neue Straßen wird nicht nur die Natur zerstört. Durch den Auto- und Flugverkehr entstehen auch eine Menge CO_2 und andere schädliche Gase, die die Luft verschmutzen!

Fabriken

Wir stellen Produkte kaum noch mit der Hand her. Maschinen in Fabriken übernehmen das für uns. Für die brauchen wir aber ziemlich viel Energie. Zusätzlich wird das CO_2, das bei den Produktionsvorgängen entsteht, über die Schlote der Fabriken in die Atmosphäre gepustet.

Brennende Natur

Bauholz, Weidefläche, Ackerland – wir brennen aus unterschiedlichsten Gründen Wiesen und Wälder ab. Dabei entsteht CO_2. Vor allem die Wälder fehlen anschließend, um die Luft zu reinigen.

Massentierhaltung

Wir halten immer mehr Tiere auf unseren Weiden und in den Bauernhöfen, weil die meisten von uns sehr gerne und sehr viel Fleisch essen. Vor allem Kühe rülpsen und pupsen aber ordentlich. Der Grund: Bei der Verdauung des Grases entstehen Gase in ihren Mägen. Dieses Problem stinkt allerdings im wahrsten Sinne des Wortes zum Himmel. Denn dadurch wird eine geballte Menge des Treibhausgases Methan freigesetzt.

Staun-Fact:

In Hessen haben Kühe fast ihren Kuhstall in die Luft gejagt. Sie haben so viel gerülpst und gepupst, dass sich das Gas an einer Massage-Maschine entzündet hat. Tote gab es aber zum Glück nicht.

!! Das kannst du machen!

- Iss weniger Fleisch. Zwei Mahlzeiten mit Fleisch pro Woche sind ausreichend.

- Kaufe Bio-Fleisch. Das erkennst du am Bio-Siegel auf der Verpackung.

FEHLT!!!

BiO
nach EG-Öko-Verordnung

Der Klimawandel: Endlich im Fokus!

Dass sich das Weltklima verändert, ist übrigens schon länger bekannt. Viele Forscher warnen seit Jahrzehnten vor den Veränderungen und ihren Folgen. Aber erst durch die junge Schwedin Greta Thunberg ist das Thema in den Fokus gerückt. Mit ihren regelmäßigen »Fridays for Future«-Kundgebungen bringt sie vor allem Kinder und Jugendliche dazu, auf die Straße zu gehen und die Politik zu mehr Klimaschutz aufzurufen.

Quizfrage

Was wurde im »Pariser Abkommen« von vielen Staaten beschlossen? Eine Begrenzung des weltweiten Temperaturanstiegs auf maximal …

☐ zwei Grad   ☐ drei Grad   ☐ fünf Grad

Lösung: Im »Pariser Abkommen« von 2015 haben fast 200 Staaten vereinbart, den weltweiten Temperaturanstieg auf deutlich unter zwei Grad zu begrenzen. Denn schon kleinste Temperaturerhöhungen haben ernste Folgen für die Natur.

Der Erdüberlastungstag –
Der Erde geht die Puste aus

Jedes Jahr gibt es den Erdüberlastungstag. 2019 war er in Deutschland am 29. Juli. Aber was ist das eigentlich?

Leben auf Pump

Die Erde gibt uns Rohstoffe, die wir zum Leben benötigen - zum Beispiel Wasser oder Holz. Im Alltag verbrauchen wir aber deutlich mehr dieser Rohstoffe, als die Erde herstellen kann. Der Erdüberlastungstag markiert den Tag, an dem wir uns schon kräftiger an der Natur bedient haben, als wir es eigentlich im ganzen Jahr dürften!

Das sind Gründe für die Überlastung der Erde:

Müllberge

Luftverschmutzung

Artensterben

Abholzung der Regenwälder

Überfischung der Meere

Flächenfraß

Quizfrage

Unsere Erde reicht uns nicht mehr aus. Was meinst du: Wie viele Erden bräuchten diese Länder eigentlich für ihren Lebensstil? Kannst du Länder und Erden richtig miteinander verbinden?

 Deutschland

 Großbritannien

 USA

 Frankreich

 China

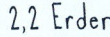 2,2 Erden

2,7 Erden

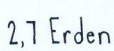 2,7 Erden

5 Erden

3 Erden

Lösung: Deutschland: 3 Erden, Großbritannien: 2,7 Erden, USA: 5 Erden, Frankreich: 2,7 Erden, China: 2,2 Erden

Staun-Fact:

Manche Länder gehen sparsamer mit den Rohstoffen um. Wenn man alle Länder zusammennimmt, bräuchten wir aber trotzdem noch 1,75 Erden. Also fast noch mal einen ganzen Planeten!

Was sind die Folgen des Klimawandels?

Bis 2050 könnte sich die weltweite Temperatur um zwei bis drei Grad erhöhen. Das klingt zwar nicht nach viel, aber schon die paar Grad haben große Folgen!

Das Eis schmilzt

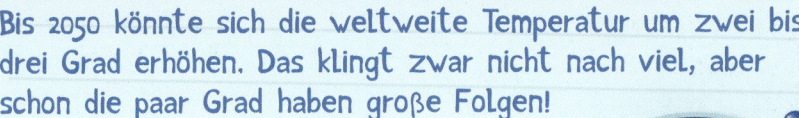

Die großen Eisflächen an den Polen und Gletschern verschwinden zusehends. Die Folge: Überschwemmungen und wegbrechende Lebensräume vieler Tiere – zum Beispiel des Eisbären. Auch die fehlende »Albedo« ist ein großes Problem. So nennen Forscher die Eigenschaft von Eis und Schnee, Sonnenlicht zu reflektieren. Wird das Licht nicht von der Erdoberfläche reflektiert, trägt es stark zur Erderwärmung bei.

Das Wetter spielt verrückt

Sicherlich hast du's bemerkt: Im Sommer gibt es immer öfter Hitzewellen oder schwere Gewitter mit Überschwemmungen. Solche Wetterextreme gehen auf das Konto des Klimawandels. Vor allem in den ärmeren Regionen der Welt richtet Dürre große Schäden an. Denn wenn die Ernten ausfallen, hungern die Menschen.

Geplagte Pflanzenwelt

Einige Pflanzen erleiden immer öfter Frost-schäden, weil sie durch die wärmeren Temperaturen zu früh blühen. Und auch die stärkeren Gewitter mit Sturmböen machen ihnen im Sommer zu schaffen. Auf der Nordhalbkugel tauen außerdem riesige Permafrost-Bodenflächen auf, die seit vielen Tausend Jahren gefroren sind. In ihnen sind Pflanzenreste enthalten. Weil die jetzt zersetzt werden, gelangen eine Menge zusätzlicher Treibhausgase in die Luft.

Tierisch hungrig, tierisch nervig!

Manchen Tieren wird es bei uns durch den Klimawandel zu warm – sie »fliehen« Richtung Norden oder in neue Lebensräume. Dort finden sie oft aber nicht genug zu fressen. Die steigenden Temperaturen ziehen außerdem Tiere aus anderen Regionen der Welt an. Das Problem: Sie übertragen zum Teil Krankheiten, wie die Asiatische Tigermücke, oder vertreiben heimische Tierarten.

Was ist Energie?

Bei Energie denkst du wahrscheinlich erst mal an Strom. Aber Energie ist viel mehr! Sie kann nicht nur das Licht brennen lassen, sondern auch Dinge bewegen und Wärme freisetzen. Bis vor wenigen Jahren haben wir fast unsere gesamte Energie mithilfe fossiler Brennstoffe wie Öl, Gas und Kohle oder aus der Atomkraft gewonnen. Und noch über die Hälfte unserer Energie gewinnen wir aktuell darüber!

Erstelle ein Ranking!

Welcher dieser Energielieferanten versorgt uns mit der meisten Energie? Nummeriere sie von 1 bis 4 durch.

☐ Atomkraft

☐ Braunkohle

☐ Steinkohle

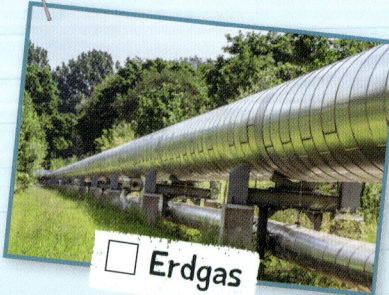

☐ Erdgas

Auflösung: 1) Braunkohle, 2) Steinkohle, 3) Atomkraft, 4) Erdgas.
Die Angaben stammen aus Deutschland im Jahr 2018.

24

»SCHMUTZIGE« ENERGIE

Umweltschützer stören sich seit vielen Jahren an der Energiegewinnung über fossile Brennstoffe. Denn beim Verbrennen entsteht das Treibhausgas CO_2, das dann in die Atmosphäre gelangt und die Erderwärmung beschleunigt. Außerdem müssen Kohle und Gas aufwendig aus dem Boden gefördert werden. Das schadet der Natur ziemlich.

NUKLEARE SUPERPOWER?

Auch die Atomkraft liefert uns Energie. Das Problem: Für die Erzeugung werden sehr giftige, radioaktive Stoffe verwendet. Es besteht die Gefahr, dass es zu Unfällen kommt und durch die Strahlung der Stoffe ganze Landstriche unbewohnbar werden. Nach dem Gebrauch müssen sie außerdem als Atommüll aufwendig gelagert werden – und das leider oft mitten in der Natur.

Staun-Fact:

Mancher Atommüll ist erst nach vielen Millionen Jahren Lagerung nicht mehr gefährlich!

25

Grüne Superpower!
Die Energiewende

»Energiewende« – auch das hast du bestimmt schon mal gehört. Gemeint ist der Beschluss, dass die Energie in Zukunft nicht mehr mithilfe fossiler Brennstoffe und Atomkraft gewonnen wird, sondern durch umweltfreundliche, erneuerbare Energiequellen.

Was sind erneuerbare Energien?

Erneuerbare Energie entsteht aus natürlichen Kraftquellen, die bei der Energiegewinnung nicht aufgebraucht werden. Sie lässt sich zum Beispiel aus Sonnenlicht oder Wind erzeugen. Dabei wird kein CO_2 freigesetzt!

Quizfrage

Was ist das Hauptziel der Energiewende bis 2050?
a) Fast keine Treibhausgase mehr auszustoßen
b) So viele Bäume zu pflanzen, wie gefällt werden
c) Den gesamten Autoverkehr in Großstädten zu verbieten

Lösung: a) Bis zum Jahr 2050 will Deutschland »klimaneutral« sein. Das heißt, es sollen nicht mehr Treibhausgase entstehen, als wieder von der Natur aufgenommen werden können.

Die erneuerbaren Energien:

Windkraft

Biomasse

Solarenergie

Wasserkraft

Erdwärme

Tschüs, Atomkraft!

Vielleicht fragst du dich, wie es eigentlich zur Energiewende kam? Den Begriff gibt es schon seit den 1980er-Jahren. Politisch deutlich beschleunigt wurde die Energiewende in Deutschland aber erst 2011. Der Grund war die Atomkatastrophe von Fukushima in Japan. Direkt danach wurde der Ausstieg aus der Atomenergie beschlossen.

Nein Danke!
Atomkraft

Staun-Fact:
Schon fast die Hälfte unserer Energie gewinnen wir mithilfe von Sonne, Wind und Co.!

Megastarke Natur: Windenergie

Die Windenergie liefert aktuell die meiste erneuerbare Energie. Kein Wunder – ein Windstoß kann ja auch ganze Bäume entwurzeln. Diese Wucht lässt sich super zur Gewinnung von Energie verwenden!

WARUM DREHT SICH EIN WINDRAD?

Windräder werden immer dort gebaut, wo viel Wind weht – das kann auf dem Land sein oder auf dem Meer. Je stärker der Wind weht, desto schneller drehen sich die Flügel. Die Kraft, die dabei entsteht, wird im Inneren des Windrades mithilfe eines Generators in Strom umgewandelt.

?

Stimmt's? Naturschützer stehen Windrädern aber nicht ganz ohne Bedenken gegenüber. Der Grund: Vögel verletzen sich leicht an den Metallriesen.

Auflösung: Das stimmt. Vor allem Greifvögel wie der Rotmilan unterschätzen die Drehbewegungen der Flügel. Meistens überleben sie einen Zusammenstoß leider nicht.

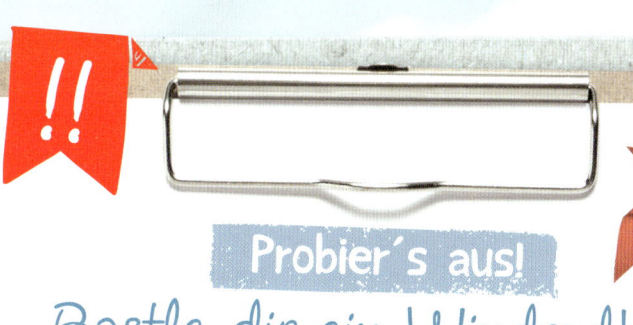

Bastle dir ein Windrad!

Du brauchst:

- quadratisches Tonpapier 20 x 20 cm
- Stecknadel
- 2 Perlen
- Korken
- Schere
- Bleistift

1) Führe jeweils die gegenüberliegenden Ecken des Tonpapiers zueinander, sodass ein Kreuz auf dem Papier entsteht.

2) Miss vom Mittelpunkt des Kreuzes zu jeder Ecke ein Drittel der »Strecke« ab und markiere die Stelle jeweils mit einem Bleistiftstrich. Schneide das Papier dann von jeder Ecke zu den Markierungen vorsichtig ein.

3) Biege jeweils die rechte Ecke der entstandenen Flügel zur Mitte.

4) Schiebe eine Perle auf die Stecknadel und stich die Nadel durch die Flügelecken in der Mitte des Papiers. Fädele dann die zweite Perle auf die Nadel auf und schiebe sie in den Korken.

Fertig ist dein Windrad. Halte es in den Wind – du wirst sehen, die Flügel beginnen sich zu drehen!

Megastarke Natur:

Sonnenenergie

Die Sonne ist echt ein Tausendsassa! Mit ihrer Strahlung reguliert und steuert sie zum Beispiel nicht nur das Klima, sondern schenkt uns auch noch Energie.

Clevere Spiegellabyrinthe:
Sonnenkraftwerke

Sonnenkraftwerke sind ziemlich abgefahren! Du kannst sie in sehr sonnigen Regionen finden, wie zum Beispiel in Spanien. Sie bestehen aus Hunderten von Spiegeln, die das Sonnenlicht auf einen Turm ablenken. Dort wird die Wärme der Strahlen gesammelt und dafür genutzt, einen Generator anzutreiben. Mit ihm wird dann Strom hergestellt.

Pechschwarzer Dachschmuck:
Sonnenanlagen

Deswegen befinden sich auf vielen Häusern inzwischen auch Solaranlagen. Die hast du bestimmt schon mal gesehen: Sie bestehen aus dunklen Solarzellen, die das Sonnenlicht einfangen. Und aus dem wird dann Strom erzeugt. Dabei gilt: Je länger die Sonne scheint, desto mehr Strom wird gewonnen.

30

Energie-Schummelquiz

Von diesen Behauptungen ist eine geschwindelt! Welche ist es? Male jeweils eine lächelnde Sonne bei den richtigen Fakten ins Kästchen und ein rotes Kreuz bei der falschen Aussage.

1. Die Sonne liefert jedes Jahr mehr als 3000-mal so viel Energie, wie wir Menschen auf der ganzen Welt verbrauchen.

2. Hunderte von Atomkraftwerken wären notwendig, um die Menge an Energie zu gewinnen, die von der Sonne in nur einer Sekunde erzeugt wird!

3. Die Wüste Sahara in Afrika bekommt so viel Sonnenstrahlung ab, dass die daraus ableitbare Energie für alle Menschen auf der Erde ausreichen würde.

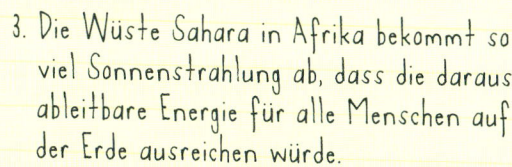

4. Das Sonnenlicht heizt unsere Meere inzwischen so stark auf, dass Forscher aus der Wärme des Meerwassers Energie gewinnen wollen.

Auflösung: Die Antworten 1–3 sind richtig. Leider haben wir momentan noch nicht die nötigen Technologien, um die Energie der Sonne in die ganze Welt transportieren zu können. Aber es wird mit Hochdruck daran gearbeitet und geforscht!

Megastarke Natur: Erdwärme, Wasserkraft und Biomasse

Unser Planet hat so einige Eigenarten: Er ist zum Beispiel superheiß in seinem Inneren, bewegt Unmengen an Wasser durch die Gegend und hamstert in manchen Pflanzen und Bioabfällen besonders viel Sonnenenergie. Das alles können wir nachhaltig nutzen, um Energie zu gewinnen!

Erdwärme

In ihrem Kern ist unsere Erde mächtig heiß! Kein Wunder also, dass auch die äußere Schale, die Erdkruste, viel Wärme enthält. Und das ganz unabhängig davon, welche Jahreszeit gerade ist. Die lässt sich allerdings wunderbar nutzen – zum Beispiel zum Heizen. Über Wärmepumpen kann sie nämlich heraufgeholt werden.

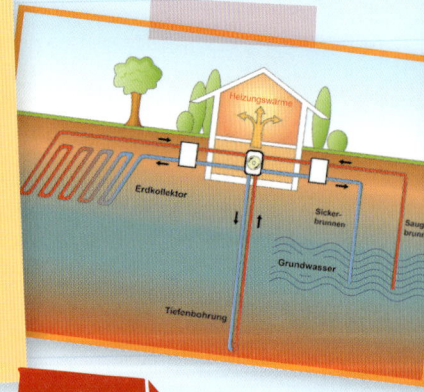

Wie heiß ist es im Erdkern?

a) 1000 Grad
b) 4000 Grad
c) 6000 Grad

Lösung: c)

32

Wasserkraft

Auch die Strömung in Flüssen oder in Stauseen lässt sich super für die Energiegewinnung verwenden. Das Wasser treibt eine Turbine an, die dann Strom erzeugt. Der Nachteil: Meistens muss es dafür extra aufgestaut werden. Und das schadet der Natur, denn dafür werden künstliche Stauwehre oder Staubecken in den Fluss oder den See gebaut – und natürlich Wasserkraftwerke.

 ## Biomasse

In bestimmten Pflanzen, aber auch in Holz, Ernteabfällen oder Kompost ist viel Sonnenenergie gebunden. Sie werden Biomasse genannt und aus ihnen lässt sich super Energie gewinnen. Indem Biomasse verbrannt wird, entsteht zum Beispiel Strom. Aber auch Wärme oder Biotreibstoff lassen sich mit ihrer Hilfe erzeugen.

Hast du's gewusst?

Pflanzen, die extra für die Erzeugung von Energie angepflanzt werden, heißen Energiepflanzen. Das sind unter anderem Mais, Zuckerrüben und Raps!

Interview: Energievision 2050

Jonas Laß spricht im Rahmen des Projektes »Energievision 2050« mit Schülern über die spannenden Chancen, die uns die erneuerbaren Energien schenken. Ganz wichtig ist ihm dabei der gegenseitige Austausch. Wie können wir es schaffen, bis 2050 fast keine Treibhausgase mehr auszustoßen? Und was kann jeder von uns dafür tun? Zusammen mit den Kindern und Jugendlichen wagt er einen spannenden Blick in die Zukunft.

Wie läuft das Schulprojekt »Energievision 2050« ab?

Erst mal zeigen wir, dass der Klimawandel ein echt großes Problem ist. Wir können nicht mehr weitermachen wie bisher und brauchen dringend eine Veränderung. In einem Einstiegsfilm stellen wir Menschen vor, die an diesen Veränderungen arbeiten: vom Klimawissenschaftler über den Zukunftsforscher bis hin zu Schülern, die bereits aktiv etwas tun – nämlich zum Beispiel Bäume zu pflanzen oder in einer Organisation tätig zu sein. Dann kommt ein Gedankenexperiment: Die Kinder werden selbst zu Erfindern und entwickeln die unterschiedlichsten Ideen, wie wir zukunftsfähiger werden.

Wie wirkt sich die Energiegewinnung auf das Klima aus?

Wir gewinnen den größten Teil unserer Energie durch die Verbrennung von Kohle oder Erdöl. Dabei setzen wir aber eine Menge CO_2 frei. Das sorgt dafür, dass mehr Sonnenenergie in der Atmosphäre zurückgehalten wird. Mehr Energie bedeutet aber auch stärkere Stürme, höhere Temperaturen und mehr Verdunstung. Deswegen ist mehr Wasser in der Atmosphäre unterwegs, sodass es in manchen Regionen heftigere Niederschläge gibt, während in anderen Regionen Dürre herrscht. Wir sehen bereits heute diese unheimlichen Veränderungen unseres Klimas.
Aber es gibt auch Lösungen!

Welche Lösungen sind das denn?

In der Sonnenenergie und in der Windkraft sind wir schon sehr weit gekommen. Inzwischen können wir sie sogar leichter gewinnen als Kohle, Gas und Öl. Wenn es um die Zukunft geht, sollten wir aber auch Möglichkeiten nutzen, an die wir bisher noch gar nicht gedacht haben. Der größte Teil unseres Planeten besteht zum Beispiel aus Wasser. In den Bewegungen von Wasser steckt eine Menge Energie! Vielleicht könnten uns also Wellen- und Strömungsenergie noch helfen. Aber alleine mit der heutigen Technik könnten wir schon allen benötigten Strom erneuerbar gewinnen.

Großes Donnerwetter

Und was kann jeder von uns tun?

Jeder sollte sich hinterfragen:

Wofür brauche ich eigentlich Energie? Und brauche ich sie wirklich, ist sie überhaupt gut für mich? Auch als Kind oder Jugendlicher kann ich nämlich meinen Hunger nach Energie beeinflussen – und somit auch, wie viel Energie produziert wird.

Verwenden wir das Beispiel Fortbewegung:

Als Kind ist es für uns selbstverständlich, dass wir zu Fuß gehen, das Fahrrad nehmen oder mit Bahn und Bus fahren. Wenn wir dann aber älter sind, machen wir den Führerschein und fahren Auto. Das haben wir alle gelernt, so ist es uns vorgelebt worden.

Die Frage ist allerdings:

Warum können wir uns als Kinder schon so toll klimafreundlich fortbewegen und verlernen es, wenn wir erwachsen werden?

Sollten wir also alle weniger kaufen, weniger verbrauchen?

Einmal pro Woche das Fleisch wegzulassen, kann nur ein erster Schritt sein – dafür haben wir zu lange gewartet. Wir müssen stärker umdenken.

Uns muss klar werden:

In allem, was wir nutzen, steckt Energie.

Dazu gibt es den Begriff der grauen Energie.

Das heißt:
Wie viel Energie wurde eigentlich gebraucht, um etwas herzustellen? Denn es bedarf Energie, um die Rohstoffe aus dem Boden zu holen, sie zu transportieren und die Produkte zu erzeugen – und die dann wiederum zu transportieren, zu kaufen, zu nutzen und zu entsorgen.

Wenn wir also etwas wegschmeißen und was Neues kaufen, sollten wir uns fragen:
Wie viel verborgene Energie steckt da eigentlich drin? Ein Smartphone zum Beispiel verbraucht bei der Herstellung so viel Energie, dass wir es über 40 Jahre lang davon jeden Tag aufladen könnten.

NEUE WEGE ENTSTEHEN BEIM GEHEN

Brauche ich also wirklich ein neues? Oder hält es nicht noch zwei Jahre?

Eigentlich wissen wir ganz genau, was zu tun ist. Wichtig wäre, dass wir es auch machen. Nur dann können wir die Chancen, die in der Energiewende und in den neuen Energien stecken, nämlich wirklich sehen.

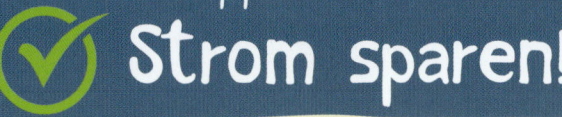

Mitmachtipps für Naturforscher:
✓ Strom sparen!

Wenn jeder von uns seinen Stromverbrauch ein wenig einschränkt, ist der Umwelt schon sehr geholfen. Auch du bist gefragt! Hier sind clevere Tipps für dich, wie du ganz leicht zu Hause Strom sparen kannst.

In der Küche:

- Verzichte darauf, den Backofen vorzuheizen. Bei den meisten Öfen ist das nicht mehr notwendig.

- Setze deinem Kochtopf den Deckel auf, oder noch besser: Wärme das Wasser im Wasserkocher vor.

- Verwende den Toaster anstelle des Backofens. So kannst du rund die Hälfte des Stroms sparen.

- Achte darauf, die Kühlschranktür immer fest zu verschließen.

Beim Wäschewaschen:

- Wasche deine Wäsche nicht zu heiß. In der Regel entfernen Waschmittel heute alle normalen und alltäglichen Verunreinigungen auch bei niedrigeren Temperaturen.

- Fülle die Waschmaschine vollständig, um weitere Waschgänge zu vermeiden.

- Trockne deine Wäsche im Sommer auf der Wäscheleine, nicht mit dem Trockner.

Allgemein:

- Entferne dein Smartphone von der Steckdose, wenn es geladen ist. Sonst verbraucht der Akku weiter Strom.

- Verwende Steckdosen-Leisten mit Kippschalter.

- Stelle deinen PC nicht auf Stand-by, sondern schalte ihn aus.

- Verwende Akkus anstelle von Batterien. Die lassen sich wieder aufladen.

- Schalte das Licht aus, wenn du den Raum verlässt, und verwende generell Energiesparlampen.

- Überzeuge deine Eltern, energiesparende Geräte zu kaufen.

- Lüfte durch Stoßlüften, nicht indem du die Fenster kippst. So vermeidest du, dass dein Zimmer zu stark auskühlt, und bekommst zusätzlich effektiver frische Luft.

- Schalte die Heizung nur etwas runter, wenn du das Haus verlässt. Stelle sie nicht aus.

- Benutze den Föhn auf niedrigster Stufe.

? Hast du's gewusst?

Manche Geräte verbrauchen auch Strom, wenn du sie eigentlich ausgeschaltet hast. Der Fernseher zum Beispiel. Da hilft nur: Ausschaltknopf direkt am Gerät drücken oder Stecker ziehen!

MISTWETTER VORAUS!
Wer bestimmt das Wetter?

Du willst raus zum Spielen, aber es regnet? Schimpfe nicht die Wolken! Denn der Übeltäter ist jemand anderes, als du wahrscheinlich denkst – nämlich die Sonne!

Wettermotor Sonne

Die Sonne mischt bei unserem Wetter kräftig mit. Sie ist zwar über 150 Millionen Kilometer entfernt, aber auch bei uns auf der Erde noch unglaublich heiß. Durch ihre Wärme erhitzt sie die Luft.
Weil warme Luft leicht ist, steigt sie auf – kalte dagegen sinkt ab. So gerät Luft in Bewegung und Luftströmungen entstehen. Die bestimmen dann unser Wetter mit. Und auch Wolken bilden sich nur, weil die Sonne Wasser erwärmt und es verdunsten lässt.
Sogar Regen und Schnee sind genau genommen also von der Sonne gemacht.

Staun-Fact:

Die Sonne ist auf der Oberfläche 5500 Grad heiß! In ihrem Kern beträgt die Temperatur sogar 15 Millionen Grad. Kein Wunder, dass ihre Wärme bis zu uns reicht!

40

Sonnenwärme bewegt die Luft. Probiere es aus!

Bastle dir eine Sonnenmühle!

Du brauchst:

- Zahnstocher
- Schwarzer Filzstift
- Flüssigkleber
- Bleistift
- Stück Faden
- Alufolie
- Einmachglas

So geht's:

1) Schneide vier Rechtecke mit den Maßen 3 x 3,5 cm aus der Alufolie und male zwei davon mit dem Filzstift vorne und hinten komplett schwarz an.

2) Klebe die Rechtecke jeweils mit der kurzen Kante an das untere Ende des Zahnstochers. Hell und dunkel wechseln sich dabei ab. So entsteht eine kleine Mühle.

3) Befestige das eine Fadenende am freien Endstück des Zahnstochers. Das andere knotest du mittig um den Bleistift.

4) Lege den Bleistift so über die Öffnung des Einmachglases, dass deine Alu-Mühle auf halber Höhe ins Glas baumelt.

5) Stelle das Glas nun für eine bis zwei Stunden in die Sonne.

Was passiert?

Das Mühlrädchen dreht sich. Der Grund sind die schwarzen Alu-Stücke. Sie nehmen ihrer dunklen Farbe mehr Wärme auf als die hellen. Die Wärme versetzt die Luft und somit das Mühlrad in Bewegung.

DIE SONNE –
der Oberschurke im Klimawandel?

Wenn die Sonne das Wetter bestimmt, ist sie dann schuld am Klimawandel? Die Antwort lautet ganz klar: Nein.

Ein Loch im Himmel

Vielleicht fragst du dich, warum die Sonne gefühlt trotzdem immer gefährlicher wird. Das liegt daran, dass sie Strahlen enthält, die unsere Haut krank machen und unsere Augen schädigen. Vor diesen UV-Strahlen schützt uns die Ozonschicht in der Atmosphäre. Allerdings ist sie durch Chemikalien in der Luft beschädigt worden. Die Folge ist das Ozonloch, durch das sich die UV-Strahlen durchmogeln.

Sündenbock Sonne?

Die Sonne ist mal weniger aktiv, mal mehr. Das war schon immer so. Durch den Klimawandel scheint sie aber nicht stärker als vorher. Forscher haben sogar herausgefunden, dass sie seit ein paar Jahrzehnten weniger stark scheint. Es ist vielmehr der Treibhauseffekt, der die Erderwärmung beschleunigt. Daran ist die Sonne zwar beteiligt, aber verantwortlich sind wir Menschen.
Der Grund: die Umweltverschmutzung.

Checkliste: So schützt du dich vor einem Sonnenbrand

- [ ] Zwischen 10 und 16 Uhr scheint die Sonne am stärksten. Bleibe an sonnigen Tagen in dieser Zeit lieber im Schatten.

- [ ] Ziehe lange Kleidung an, bevor du rausgehst. Setze eine Mütze auf, um deinen Kopf zu schützen!

- [ ] Schmiere dich gut mit Sonnencreme ein. Achte dabei auf einen hohen Lichtschutzfaktor (zum Beispiel 50+).

- [ ] Hast du einen Sonnenbrand, solltest du viel Wasser trinken. Die Haut verliert durch die Verbrennungen nämlich Flüssigkeit.

? Hast du's gewusst?

Auch Tiere können einen Sonnenbrand bekommen! Hunde, Katzen, Schweine – ja nicht mal Wale sind vor der Sonne sicher. Für Tiere gibt es inzwischen eigene Sonnencremes ohne Zusatzstoffe. Dein Haustier solltest du bei einem starken Sonnenbrand aber auf jeden Fall zum Arzt bringen.

43

Unsere Jahreszeiten auf dem Prüfstand

Die Sonne prägt nicht nur das Wetter, sondern auch die Jahreszeiten! Durch den Klimawandel verändern die sich aber ziemlich.

In vier Schritten durchs Jahr

Die Jahreszeiten entstehen dadurch, dass die Erde einmal im Jahr um die Sonne herum wandert. Außerdem hängt sie noch dazu leicht schief im All! Dadurch kann die Sonne nicht überall gleich auf ihre Erdoberfläche scheinen. Die Folge: Wenn wir uns auf der Nordhalbkugel mit der Erde von der Sonne wegdrehen, kriegen wir weniger Sonnenlicht ab und bekommen Winter. Drehen wir uns der Sonne entgegen, wird es Sommer. In den Übergangsphasen ist es Herbst oder Frühling.

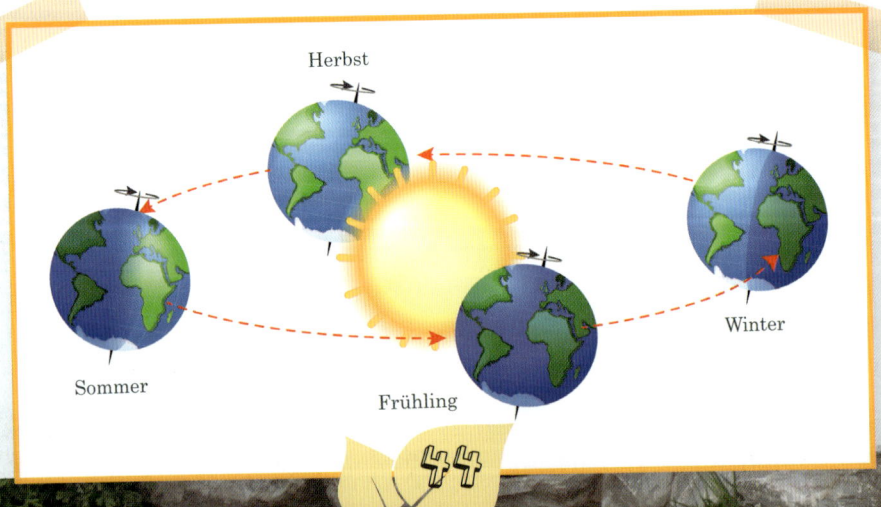

Herbst

Sommer

Frühling

Winter

44

Kannst du beobachten, wie der Klimawandel die Jahreszeiten verändert?

Setze ein Häkchen, wenn dir die Veränderung bei dir zu Hause auffällt.

Der Frühling ...

setzt immer früher ein. Durch die Erderwärmung steigen die Temperaturen schon zeitig an!

Der Sommer ...

beginnt ebenfalls früher. Es gibt längere Hitzephasen mit Temperaturen über 30 Grad und teils heftige Gewitter.

Der Herbst ...

kommt später und fällt weniger frostig aus. Wegen der Trockenheit im Sommer werfen die Bäume früher ihre Blätter ab. Der Grund: Sie wollen Wasser sparen.

Der Winter ...

ist vier Wochen kürzer als noch vor 50 Jahren. Es fällt weniger Schnee und regnet dafür öfter.

Das kannst du tun!

Heize im Winter nicht häufig mit Kachelöfen. Diese Öfen sind nämlich tatkräftige Unterstützer der Erderwärmung. Sie verursachen mehr Schadstoffe als der Autoverkehr in Deutschland.

HIMMEL SÜSSSAUER!
Wolken(brüche) und giftiger Regen

Wolken sehen zwar wie Zuckerwatte aus, bestehen aber aus Wasser! Die Sonne erwärmt nämlich die Meere, Flüsse und Seen. Von dort steigt Wasserdampf in der Luft auf und bildet kleine Wassertropfen. Wenn die sich zu Millionen bündeln, entsteht eine Wolke.

Warum sind Regenwolken dunkel?

Regenwolken sind besonders dunkel, weil sich in ihnen eine Menge Wassertropfen angesammelt haben. Es sind so viele, dass die Sonne mit ihren Strahlen nicht mehr hindurchscheinen kann. Werden sie zu schwer für die Wolke, fallen sie als Regentropfen heraus.

Schau genau!

Regen kannst du oft schon aus der Ferne sehen. Er bildet nämlich einen feinen grauen Schleier unter der Wolke! Nach dem Regnen ist die Regenwolke übrigens heller als davor.

Igitt, saurer Regen!

Regen kann aber tatsächlich sauer werden und der Umwelt sehr schaden, hast du das gewusst? Das ist wegen der vielen Schadstoffe so, die durch uns Menschen in die Luft kommen. Das saure Regenwasser gelangt dann in den Boden und in Flüsse und Seen und schadet dort den Pflanzen und Tieren.

Probier's aus!

Regenwasser-Test

Ob das Regenwasser bei dir zu Hause sauer ist, kannst du leicht mit einem pH-Streifen messen. Den gibt es in der Drogerie oder in der Apotheke. Sammle dafür Regenwasser in einer Schüssel und halte den Streifen hinein. Vergleiche die Farbe des Streifens mit der Farbkarte. Normal ist ein pH-Wert, der bei 5,5 liegt. Zeigt der Streifen einen Wert unter 4,5 an, hast du es mit saurem Regen zu tun.

SCHNEE ADE!
Die weiße Pracht im Klimawandel

Seit der Mitte des 20. Jahrhunderts fällt immer weniger Schnee. Schuld daran ist die Erderwärmung. Zwar regnet es im Winter mehr als früher, aber die Luft ist oft nicht mehr kalt genug für Schnee. Doch was ist Schnee eigentlich? Und was passiert, wenn er ausbleibt?

Wärme-Teufelskreis

Wenn es durch die Erderwärmung weniger Schnee gibt, wird auch weniger Sonnenlicht ins All reflektiert. Denn Schnee ist hell und reflektiert Licht – genauso wie Wolken übrigens. Die Folge: Die Sonnenwärme bleibt hier und bringt noch mehr Schnee zum Schmelzen. Ein gefährlicher Wärme-Teufelskreis beginnt.

Himmlisches Wassereis

Kein Scherz: Schnee ist im Grunde Wassereis, das vom Himmel fällt! In der Wolke lagern sich Wassertropfen nämlich an Staubkörnchen an und gefrieren zu Eiskristallen. Die purzeln schließlich aus der Wolke. Während sie zur Erde segeln, bindet sich Wasserdampf an ihnen und sie werden noch größer und ändern ihre Form.

Tierisch ausgeliefert

Auch Tiere leiden unter dem Schnee-mangel! Schneehasen oder Schneehühner graben sich in den Schnee ein, um sich vor der kalten Luft zu schützen. Schnee isoliert, er wirkt wie eine Wärmedecke. Wenn es immer weniger davon gibt, frieren die Tiere.

Quizfrage

Eines dieser Tiere bekommt im Winter ein weißes Fell, um sich im Schnee zu tarnen. Kannst du erraten, welches?

a) Eichhörnchen

b) Igel

c) Hermelin

d) Hirsch

Lösung: c) Der Hermelin ist für sein wunderbares weißes Winterfell bekannt. Durch den Klimawandel wird ihm das jetzt aber gefährlich! Der Grund: Wenn es keinen Schnee gibt, fällt er stark auf und ist leichte Beute für Eulen und Greifvögel.

Laues Lüftchen –
Launiges Lüftchen

Der Wind ist sehr wichtig für unsere Umwelt.
Aber woher kommt er überhaupt? Und geht
ihm durch den Klimawandel die Puste aus?

Drehwurm-Alarm
und Hitzewallungen

Die Erde dreht sich ständig um sich
selbst. Und das mit 30 Kilometern pro
Stunde! Kein Wunder, dass das für
eine Menge Schwung in den Luftmas-
sen sorgt. Die Folge: Wind entsteht.
Und natürlich mischt zusätzlich die
Sonne wieder kräftig mit. Denn auch
Luft, die durch sie in Bewegung geraten ist, spürst du als Wind.

Himmlischer
Pollenexpress

Ohne den Wind gäbe es
deutlich weniger Pflan-
zen. Er rüttelt nämlich an ihnen, bis sich ihre
Samen lösen, und weht sie vor sich her.
Wo ein Same landet, kann eine neue Blume
oder ein neuer Baum wachsen.

Pollenflug
beobachtet!

Datum:

....

Pflanzenart:

....

50

Wind im (Klima-)Wandel

Bei uns wird der Wind durch den Klimawandel zum Glück nicht spürbar stärker. Allerdings haben Forscher bemerkt, dass der Jetstream schwächer wird. Das ist ein superstarker Wind, der hoch oben am Himmel weht. Wenn der Jetstream abnimmt, pustet er das Wetter nicht mehr weiter. Es hält sich länger an einem Ort und wirkt dort deswegen extremer.

Warum wird der Jetstream schwächer?

Wahrscheinlich ist die Erderwärmung daran schuld, dass beim Jetstream zunehmend Flaute herrscht. Der Jetstream gleicht nämlich kalte und warme Luft aus. Wenn die kalte Luft aber immer wärmer wird, hat er nichts mehr zu tun.

Quizfrage

Wie schnell weht der Jetstream?

a) Bis zu 200 km/h
b) Bis zu 300 km/h
c) Bis zu 500 km/h

Lösung: c)

Krach, bum, bäääng!
Gewitter im Anmarsch

Platzregen, Windböen, Blitz und Donner – Gewitter sind das wohl spannendste Wetterphänomen bei uns! Durch den Klimawandel fallen sie allerdings immer heftiger aus.

Stromwolken und Flummi-Eis

Bei der Entstehung von Gewittern ist die Luft so warm, dass sie noch viel weiter aufsteigt als bei normalen Wolken. Die Wassertröpfchen und Eiskristalle, die sich in mächtigen Quellwolken bilden, werden von Aufwinden wie Flummis herumgewirbelt und krachen gegeneinander. Dabei laden sie sich elektrisch auf. Die Folge: In den Wolken entsteht große Spannung. Und die entlädt sich dann urplötzlich in grellen Blitzen. Die können bis zu 30 000 Grad heiß werden!

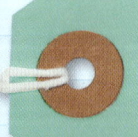

Naturforscher-Beobachtungs-Logbuch

Gewitter kommen besonders oft im Sommer vor, weil die Luft dann warm ist. Notiere hier jedes Gewitter, das du nach heißen Tagen beobachten konntest!

Datum des Gewittertages	Höchsttemperatur	Stärke (schwach, mittel, stark)
. . . .	. . . .	. . . .
. . . .	. . . .	. . . .
. . . .	. . . .	. . . .

Wetterorakel zum Klimawandel:
Das gibt ein Donnerwetter!

Forscher gehen davon aus, dass es durch den Klimawandel heftiger und länger gewittern wird. Die warme Luft über den Meeren und dem Land steigt nämlich sehr hoch auf und speichert jede Menge Feuchtigkeit – die sich dann elektrisch auflädt. Die Folge: Gewitter mit Starkregen.

Verhaltensregeln bei Gewitter

- Halte dich nicht auf Wiesen oder bei Bäumen auf! Ein Blitz schlägt bevorzugt in höhere, frei stehende Ziele ein.

- Nimm eine Schutzhaltung ein: Gehe in die Hocke, ziehe den Kopf ein, stelle die Beine eng zusammen und schlinge die Arme um die Knie!

- Finger weg von Metallgegenständen! Metall leitet Blitze weiter. Halte einen Sicherheitsabstand von drei Metern ein – auch zu deinem Fahrrad.

Schau genau!

Mit der 30-30 Regel kannst du herausfinden, ob ein Gewitter bedrohlich nahe ist. Vergehen zwischen Blitz und Donner weniger als 30 Sekunden, solltest du dich in Sicherheit bringen. Und erst 30 Minuten nach dem letzten Blitz ist das Gewitter wirklich keine Bedrohung mehr.

53

Der Himmel –
ein verkannter Künstler

Der Himmel ist eigentlich ein echter Künstler, er hat nämlich die unterschiedlichsten Farben auf Lager. Immer öfter zeigt er aber ein paar neue Töne – leider aus keinem guten Grund.

Der Himmel – ein Chamäleon!

Der Himmel wechselt im Laufe des Tages die Farbe. Das liegt daran, dass Licht aus verschiedenen Farbstrahlen besteht. Wenn die untertags auf die Atmosphäre treffen, wird der blaue Farbstrahl abgefangen und verteilt. Er besteht nämlich aus kürzeren Wellen als die anderen. Die Folge: Der ganze Himmel kommt dir blau vor. Abends steht die Sonne aber schräger zur Erde, sodass das Licht einen weiteren Weg zurücklegen muss. Das schafft das kurze Blau nicht – dafür aber das langwellige Rot!

Schau genau!

Purpurfarbenes »Schmutzlicht«

Ist der Himmel in deiner Stadt abends purpurfarben statt einfach nur rot? Dann ist das kein gutes Zeichen. Denn wahrscheinlich ist die Luft verschmutzt! Purpurlicht wird nämlich besonders gern von Schmutzpartikeln in der Luft verteilt.

54

Smog-Alarm

In Städten hängt oft eine trübe braune Wolke über den Dächern. Die nennt man Smog. Smog ist verschmutzte Luft. Er entsteht, wenn sich Schadstoffe auf einer Fläche ansammeln. Besonders gern taucht er dort auf, wo es viel Verkehr und Industrie gibt.

Smog-Tagebuch

Notiere es, wenn du in deiner Stadt Smog siehst!

Datum	Uhrzeit	Stadtteil
. . . .	. . . .	. . . .
. . . .	. . . .	. . . .
. . . .	. . . .	. . . .
. . . .	. . . .	

? Hast du's gewusst?

Durch unsere vielen Lichtquellen sehen wir weit weniger Sterne am Himmel, als wir eigentlich könnten! Dieses Phänomen nennt man Lichtverschmutzung. Das viele Licht hat Folgen – vor allem für die Tiere. Insekten sterben an heißen Lampen und nachtaktive Tiere und Zugvögel verlieren durch die plötzliche Helligkeit die Orientierung.

Wetter-Wahrsager:
der Wetterbericht

Wie kommt das Wetter eigentlich in den Wetterbericht? Hier erfährst du es!

Detektive im All

Eine große Hilfe bei der Wettervorhersage sind Wettersatelliten. Sie beäugen ganz genau alle Wolkenbewegungen. Sogar die Art der Wolke lässt sich mit ihnen erkennen.

Wetterstationen

Überall auf der Erde befinden sich außerdem Wetterstationen – sogar an extremen Orten wie hoch oben im Gebirge oder in der Antarktis. In ihnen werden unterschiedliche Werte der vergangenen Tage gesammelt: Sonnenscheindauer, Regenmenge, Gewittervorkommen, Windstärken und vieles mehr.

??? Quizfrage

Wie wird ermittelt, ob es in den nächsten Tagen regnet? Kreuze die richtige Antwort an!

- ☐ a) Durch ein Regenradar
- ☐ b) Mit einem Pfützen-Scanner
- ☐ c) Anhand eines riesigen Luftthermometers

Lösung: a) Ein Regenradar schickt Signale aus, die vom Regen teilweise zurückgesandt werden. Kommen viele Signale zurück, regnet es stark. So lässt sich auch ermitteln, wann der Regen an einem bestimmten Ort eintreffen und wie lange er dauern wird.

So entsteht die Vorhersage

Die gesammelten Informationen zum Wetter werden an große Wetterzentren weitergeleitet. Dort rechnen clevere Computer aus, wie sich das Wetter entwickelt. Wetterforscher, sogenannte Meteorologen, erstellen dann aus diesen Berechnungen den Wetterbericht.

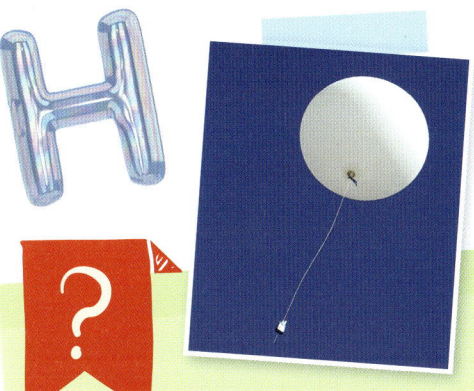

Hast du's gewusst?

Auch Schiffe, Flugzeuge und sogar Gasballons werden zur besseren Wettervorhersage eingesetzt! Sie messen Luftfeuchtigkeit und Luftdruck, informieren die Wetterzentren über Temperaturänderungen im Wasser oder im Himmel und beobachten Wellen- und Wolkenbewegungen.

Buchstabensalat im Wetterbericht

Echt komisch: Im Wetterbericht schwirren oft ein H und ein T herum! Das H steht dabei für ein Hochdruckgebiet. Wenn dieses über deiner Region schwebt, kannst du dich über schönes Wetter mit wärmeren Temperaturen freuen. Das T deutet dagegen ein Tiefdruckgebiet an. Wahrscheinlich wird das Wetter eher schmuddelig und es regnet oder wird windig.

Luftverschmutzung –
Kann man die Luft putzen?

Wenn Schadstoffe in die Luft gelangen, kommt es zu Luftverschmutzung. Die Folge: Wir Menschen, aber auch die Pflanzen und Tiere werden krank. Dagegen lässt sich allerdings etwas tun!

Die größten Luftverpester:

Unser Verkehr:

Wenn Treibstoff verbrannt wird, entstehen umweltschädliche Abgase wie CO_2 und Feinstaub.

Unsere Landwirtschaft:

Die Massentierhaltung und das viele Düngen der Äcker verursachen Treibhausgase und gefährlichen Feinstaub.

Mini-Dreck in der Luft ...

... heißt übrigens auch Feinstaub. Der ist so winzig klein, dass du ihn nicht sehen kannst. Er entsteht, wenn etwas verbrennt oder durch chemische Prozesse. Wenn du ihn einatmest, kann er in deine Lunge oder in dein Blut gelangen und dich krank machen.

Unsere Fabriken und Kraftwerke:

Durch ihre Schlote pusten sie eine Menge Schadstoffe in die Luft.

58

Was kann ich tun?

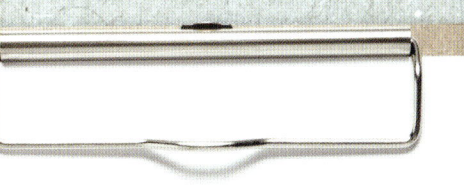

Leider lassen sich Schadstoffe nicht einfach aus der Luft wischen. Aber zumindest kannst du dafür sorgen, dass weniger hineingelangen. Hier ist eine kleine Checkliste mit Tipps für dich!

1) Verzichte auf Autofahrten! Nimm lieber das Fahrrad, die U-Bahn oder den Bus.

2) Mache Urlaub – aber ohne Flugzeug und Kreuzfahrtschiff! Beide Fortbewegungsmittel stoßen sehr viele Schadstoffe aus.

3) Kaufe regional ein! Manche Lebensmittel werden von weit her angeliefert. Der Transport verursacht unnötige Abgase. Kaufe lieber Lebensmittel aus deiner Region.

4) Vermeide Müll! Bei der Müllverbrennung entsteht CO_2. Kaufe deswegen möglichst keine Produkte, die einzeln abgepackt sind.

5) Überzeuge deine Eltern, Gartenabfälle nicht zu verbrennen. Dabei wird eine Menge CO_2 freigesetzt. Bringt sie lieber zur Grüngut-Annahmestelle der Gemeinde.

6) Vermeide Lagerfeuer! Sie sind zwar gemütlich, verursachen aber eine Menge Feinstaub.

Mitmachtipps für Naturforscher: Im Supermarkt!

Wir können alle etwas zum Schutz der Umwelt beitragen. Hier sind Tipps, was du zum Beispiel beim Lebensmittel-Einkauf im Supermarkt beachten kannst.

Packe möglichst wenig CO₂ in den Einkaufswagen!

Manche Lebensmittel verursachen viel CO_2 in der Herstellung und verbrauchen eine Menge Energie. Deswegen gilt: Kaufe frische Ware.

Die CO₂-Sünder unter den Lebensmitteln:

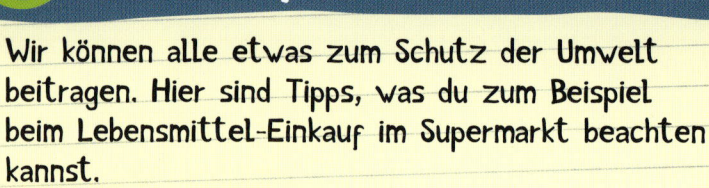

• Tiefkühlkost & Fertiggerichte

• Fleisch, insbesondere Rindfleisch

• Milchprodukte wie Butter und Schnittkäse

• Weitere tierische Produkte wie Eier

4 schnelle Tipps für deinen Supermarktbesuch:

- Kaufe regional und saisonal.
- Kaufe Bio-Ware.
- Fahre mit den Öffis zum Supermarkt.
- Vergiss deinen Rucksack oder Jutebeutel nicht.

Hände weg vom »bösen« Palmöl!

Das steckt nämlich in immer mehr Lebensmitteln und ist ein echter Umwelt- und Klimakiller. Um es zu gewinnen, werden für Palmenplantagen Regenwälder abgeholzt oder abgebrannt. Durch die Zerstörung der so wichtigen Wälder wird unglaublich viel CO_2 freigesetzt!

Diese Produkte können Palmöl enthalten:

- Schokolade, Schokoriegel und Schokocremes
- Margarine sowie Öle und Fette zum Kochen
- Fertiggerichte
- Duschbäder, Seifen und Kosmetik

Raffiniertes Sensibelchen:
der Wasserkreislauf

Weit über die Hälfte der Erdoberfläche ist von Wasser bedeckt.
Wusstest du das? In einem raffinier-
ten, aber auch empfindlichen Kreislauf »reist« es durch die Welt.

1 Meere, Seen und Flüsse

Station

Wenn die Sonne das Wasser aufwärmt, verdunstet es und
Wasserdampf entsteht. Durch Luftströmungen verteilt sich
der dann über die ganze Erde.

2 Wolken und Regen

Station

Am Himmel bilden sich aus dem Wasserdampf Wolken. Aus ihnen regnet es.

3 Pflanzen und Böden

Station

Der Regen wird von den Pflanzen aufgenom-
men und verdunstet dort zum Teil wieder.
Eine Menge Wasser versickert aber auch im
Boden oder rinnt in Flüsse und Seen.

4 Flüsse und Seen

Station

Über unsere Gewässer gelangt das Wasser zum Schluss
wieder zurück ins Meer. Der Kreislauf beginnt von vorn.

Hausmeister der Natur

Der Wasserkreislauf kümmert sich um unsere Umwelt.
Was tut er alles? Kreuze die richtigen Aussagen an
und ordne sie ihrer Station zu!

a) Er lässt Wolken entstehen. Diese reflektieren Sonnenlicht zurück ins Weltall und bremsen die Erderwärmung. Station: ....

b) Er transportiert Wasser in alle Gegenden der Welt. Station: ....

c) Er säubert verschmutzte Gewässer. Station: ....

d) Er füllt das Grundwasser auf und versorgt uns so mit Trinkwasser. Station: ....

Lösung: Alle Antworten stimmen außer c. Die richtigen Stationen: a2, b1, d3

WASSER

Der Wasserkreislauf im Klimawandel

Durch die Erderwärmung wird es supernass und gleichzeitig megatrocken! Über den Meeren und Flüssen verdampft nämlich durch die zunehmende Wärme mehr Wasser. Es regnet also auch mehr – allerdings leider an Orten, die sowieso schon viele Niederschläge abbekommen. Dagegen wird es noch trockener in Regionen, wo es schon sehr heiß ist.

Schnelle Wasser, stille Wasser: unsere Flüsse und Seen

Unsere Flüsse und Seen sind das Zuhause vieler Tier- und Pflanzenarten. Außerdem versorgen sie den Boden mit Feuchtigkeit und schenken uns Trinkwasser. Aber auch ihnen setzen Umweltzerstörung und Klimawandel leider ganz schön zu.

Top 3 der Umweltbelastungen:

1 Flusslaufbegradigungen

Für die Schifffahrt werden Flüsse oft begradigt. Dabei verlieren viele Tiere und Pflanzen ihr Zuhause.

2 Dünger und Gifte

Durch die Landwirtschaft oder die Industrie geraten überflüssige Nährstoffe und Gifte ins Wasser. Die Folge: Algen wachsen und plündern den Sauerstoffvorrat. Die übrigen Tiere und Pflanzen bekommen dann zu wenig Sauerstoff ab.

3 Müllflut

Leider landet immer noch viel Abfall im Wasser. Schadstoffe daraus verschmutzen es und Tiere können sich an den Müllteilen ernsthaft verletzen oder Einzelteile verschlucken.

Durch die Erderwärmung steigen die Wassertemperaturen. Die Folge: Das Wasser kann nur noch wenig Sauerstoff speichern und »kippt«. Das bedeutet, dass es als Lebensraum abstirbt.

Lösung: Das stimmt leider! Durch den Klimawandel speichern viele Gewässer weniger Sauerstoff. Dazu kommen noch Belastungen wie durch sauren Regen und schmutzigen Schnee.

Staun-Fact:

In Seen tauscht sich das Wasser nur alle paar Jahrzehnte aus. Schadstoffe werden also nicht einfach weggespült und richten deswegen leichter Schaden an. Auch in der Tierwelt!

!! Das kannst du tun!

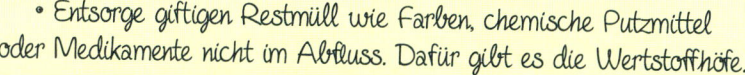

- Wirf deinen Müll nicht in die Natur.
- Entsorge giftigen Restmüll wie Farben, chemische Putzmittel oder Medikamente nicht im Abfluss. Dafür gibt es die Wertstoffhöfe.
- Verzichtet auf Pflanzenschutzmittel und Dünger in eurem Garten.

Unsere Meere:
Umweltretter in Not

Unsere Meere tun viel Gutes für die Umwelt. Was sie alles machen und wie sie sich durch die Umweltbelastungen verändern, findest du hier heraus!

1 Sauerstoff-Lieferservice

Wusstest du, dass die Ozeane über die Hälfte unseres Sauerstoffs (O_2) produzieren? Das übernehmen winzige Algen und Bakterien! Durch den Klimawandel können die Meere aber immer weniger Sauerstoff behalten und für sich speichern. Das Wasser wird nämlich zu warm. Die Folge: In den Ozeanen entstehen sauerstofffreie Zonen, in denen nichts überleben kann.

2 Randvolle CO_2-Schlucker

Außerdem haben die Meere bislang fast alles CO_2 gespeichert, das wir Menschen verursacht haben. Dadurch werden sie aber immer saurer. Forscher glauben, dass sie langsam »voll« sind und deswegen weniger CO_2 binden können.

❸ Gigantisches Tierheim

In den Ozeanen wohnen über 250 000 Tierarten! Einige davon wirst du aber nicht mehr in ihren gewohnten Gegenden antreffen. Der Grund: Es ist ihnen durch den Klimawandel zu warm geworden. Sie schwimmen in kühlere Regionen nach Norden – wie der Kabeljau in der Nordsee.

Staun-Fact:

Durch die industrielle Fischerei sind Arten wie der Thunfisch vom Aussterben bedroht.

Quizfrage

Noch eine sichtbare Folge des Klimawandels ist der ansteigende Meeresspiegel. Was meinst du: Was planen Forscher, um ihn zu bremsen?

a) Gullys im Meeresboden

b) Wasser-Transporte ins Weltall

c) Schneekanonen in der Antarktis

Lösung: c) Kein Scherz: Forscher wollen Meerwasser einsetzen, um Schneekanonen in der Antarktis zu betreiben. So soll das Eis vor dem Schmelzen bewahrt werden!

Wasser marsch!
Unser Wasserverbrauch unter der Lupe

Ohne Wasser könnten wir nicht leben. Jeder von uns verbraucht täglich auf die eine oder andere Weise 120 Liter davon! Aber wo in unserem Alltag tun wir das?

Top 5 des Wasserverbrauchs im Alltag

1) Baden und Duschen 2) Toilettenspülung
3) Wäschewaschen 4) Abwaschen und Putzen
5) Kochen und Trinken

Woher kommt das Wasser und wo geht es hin?

Unser (Trink-)Wasser stammt übrigens zum überwiegenden Teil aus dem Grundwasser. Das ist Regenwasser oder Wasser aus Flüssen und Seen, das sich im Erdboden angesammelt hat. Das Abwasser wird durch die Kanalisation in Kläranlagen geleitet – und von dort gereinigt wieder in die Flüsse und Seen.

Staun-Fact:

Ein einziges Mal Drücken der Klospülung verschlingt schon neun Liter Wasser!

68

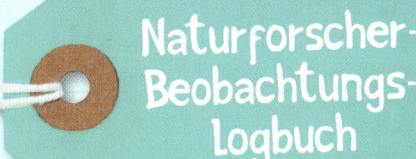

Naturforscher-Beobachtungs-Logbuch

Bei welchen Gelegenheiten verwendest du das meiste Wasser? Schau drei Tage lang genau hin!

....

....

....

Wo könntest du Wasser sparen?

....

Alles geklärt?

Kläranlagen putzen unser Abwasser doch und stellen es uns wieder zur Verfügung – wo ist also das Problem? Ganz einfach: Inzwischen landet so viel Unsinn im Abwasser, dass Kläranlagen an ihre Grenzen stoßen und einige gefährliche Stoffe doch noch in der Natur landen. Außerdem haben viele Menschen weltweit kaum Trinkwasser. Deswegen ist Sparen angesagt!

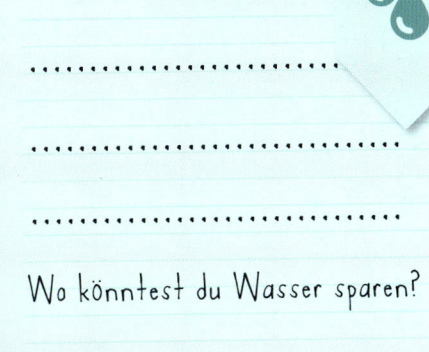

69

Virtuelles Wasser –
unser versteckter Wasserverbrauch

In unserem Alltag gibt es auch Momente, in denen wir Wasser verbrauchen, ohne es zu merken – das sogenannte virtuelle Wasser. Und zwar riesige Mengen davon!

Virtuelles Wasser – hä?

Virtuelles Wasser gibt es wirklich! Das ist all das Süßwasser, das für die Herstellung von Produkten verwendet wird. Für den Kakao in deiner Schokolade zum Beispiel müssen Kakaobäume angepflanzt und gegossen werden. Ein einziger Schokoriegel verschlingt so 2000 Liter!

Quiz

Wie viel virtuelles Wasser verbrauchst du täglich?

a) über 500 Liter
b) über 5000 Liter
c) über 50 000 Liter

Richtige Antwort: b) Jeder von uns verbraucht täglich über 5000 Liter virtuelles Wasser. Das ist so viel wie 25 volle Badewannen.

Bilderrätsel

Jedes dieser Produkte verbraucht bei der Herstellung Wasser.
Welches am meisten? Nummeriere sie von 1 bis 4 und versuche,
die Liter jeweils zu schätzen!

Auto

....

Smartphone

....

Chips

....

Tasse Tee

....

Lösung: 1) Auto: 400 000 Liter, 2) Smartphone: 1300 Liter, 3) 1 Tüte Chips: 180 Liter, 4) Tasse Tee: 30 Liter

Das kannst du tun!

Klamotten verbrauchen bei der Produktion und
beim Waschen viel Wasser. Noch dazu werden sie oft
in Ländern hergestellt, wo Wasser sowieso knapp ist.
Deswegen gilt: Gehe generell weniger shoppen, kaufe secondhand
ein und greife zu Bio-Kleidung!

Mitmachtipps für Naturforscher:
✓ Wasser sparen!

Es gibt viele gute Gründe, mit unserem Wasser sorgsam umzugehen. Einer der wichtigsten: Wir werden immer mehr Menschen auf der Welt – und schon jetzt gibt es nicht genug Trinkwasser für alle. Die positive Nachricht: Wir können einiges tun, um unser wertvolles Wasser zu schützen und sparsam damit zu sein!

Im Bad:

- Lass den Wasserhahn nicht laufen (z. B. während des Zähneputzens).
- Dusche statt zu baden. So sparst du rund die Hälfte an Waschwasser!
- Entsorge keine Hygieneartikel im Klo. Der Abfall lockt Ratten an und enthaltene Schadstoffe verschmutzen Flüsse, Seen und Grundwasser.
- Überrede deine Eltern, einen Spülstopp im Klo einzubauen.
- Sag deinen Eltern gleich Bescheid, wenn ein kaputter Wasserhahn tropft. Allein ein tropfender Wasserhahn verschwendet im Jahr bis zu 5000 Liter Wasser!

? Hast du's gewusst?

Mit Abstand das meiste Wasser verbrauchen wir daheim im Bad!

72

In der Küche:

- Spüle Geschirr in der Spülmaschine, nicht mit der Hand.
- Putze Obst und Gemüse vor dem Essen in einer Schüssel mit Wasser, nicht unter dem laufenden Wasserhahn.

In der Wäschekammer:

- Räume die Waschmaschine vor dem Anschalten ganz voll.
- Verwende Öko-Waschmittel. Ihre Inhaltsstoffe belasten die Umwelt weniger stark.

Draußen & unterwegs:

- Sammle Regenwasser in einer Regentonne. Damit lassen sich super die Blumen gießen.
- Kaufe Klamotten aus Bio-Baumwolle. Beim Anbau werden keine Pflanzengifte verwendet, die ins Fluss- oder Grundwasser gelangen könnten.
- Kaufe kein Wasser in Plastikflaschen. Durch den Herstellungsprozess oder das Material kann es mit Hormonen belastet sein.

Super-Tipp:

Trinke Leitungswasser statt gekauftem Wasser!

Grüne Superhelden

Pflanzen findest du langweilig? Verrückt, denn dir würde ziemlich sicher die Luft wegbleiben, wenn sie nicht mehr da wären! Bei der Fotosynthese produzieren sie nämlich unseren Sauerstoff. Deswegen werden unsere Wälder auch »grüne Lunge« der Erde genannt!

Foto-was?

Ohne Pflanzen könnten wir nicht leben. Sie reinigen nicht nur die Luft, indem sie CO2 einatmen – sie wandeln das CO2 auch noch in Sauerstoff um. Die Kraft für den Verwandlungsprozess, Fotosynthese genannt, schenkt ihnen das Sonnenlicht. Mit dem Zucker, der dabei entsteht, lassen sie ihre Wurzeln, Stängel und Blätter wachsen. Den Sauerstoff geben sie aber wieder in die Luft ab. Echt praktisch!

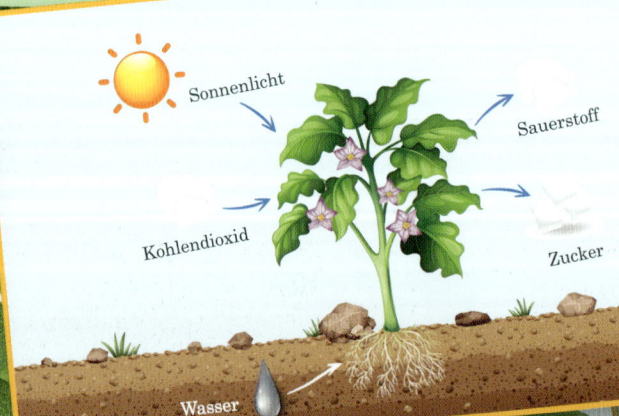

Sonnenlicht

Sauerstoff

Kohlendioxid

Zucker

Wasser

74

Naturforscher-Beobachtungs-Logbuch

Zu faul für Fotosynthese?

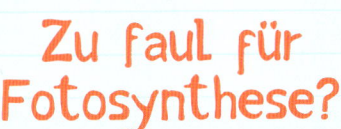

Hast du eine Regentonne oder einen anderen schweren Gegenstand im Garten, der an einer sonnigen Stelle im Gras steht? Schiebe ihn zur Seite und vergleiche den Boden unter der Tonne mit dem restlichen Gras im Garten. Was kannst du beobachten?

....

....

....

....

....

Lösung: Das Gras unter der Tonne ist viel heller und matter. Der Grund: Es hat kein Sonnenlicht abbekommen. Pflanzen brauchen das Licht aber für die Fotosynthese und um Chlorophyll zu bilden. Chlorophyll ist die grüne Farbe in den Blättern und Halmen. Ohne Sonnenlicht wächst das Gras deutlich langsamer oder sogar gar nicht.

PFLANZEN & TIERE

75

Bäume: Echt nette Kerle!

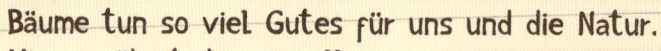

Bäume tun so viel Gutes für uns und die Natur. Hier erfährst du, was alles!

Natürliche CO$_2$-Spardosen

Bäume können CO$_2$ auch speichern. Jedes Jahr entnimmt ein einziger Baum der Luft etwa zehn Kilogramm CO$_2$. Bäume sind also echt wertvolle Helfer im Kampf gegen den Klimawandel!

Übergroße Staubfänger

Hast du gewusst, dass Bäume mit ihren Baumkronen Feinstaub und andere Gifte aus der Luft fischen? Die Schadstoffe bleiben an ihren Blättern hängen. Vor allem an Straßen, wo es viele Abgase gibt, sind sie deswegen sehr wichtig.

Holzlieferanten und Wasserspeicher

Bäume schenken uns ihr Holz für unsere Häuser oder zum Heizen. Auch als Wasserspeicher funktionieren sie super. Im Waldboden sind pro Quadratmeter über 200 Liter Regenwasser gespeichert – die perfekte Reserve für Pflanzen und Organismen in trockenen Zeiten.

Baumblatt-Bingo

Diese Bäume nehmen besonders gut CO_2 auf und sind somit echte Klimahelfer! Welche davon kannst du in deiner Umgebung entdecken? Hake sie ab!

☐ Buche

☐ Linde

☐ Eiche

☐ Kastanie

Staun-Fact:

Nicht alle Bäume speichern gleich viel CO_2. Eine Buche speichert mehr als eine Fichte. Ihr Holz ist nämlich dichter und somit aufnahmefähiger!

Geplagte Pflanzenwelt:
der Klimawandel und seine Folgen

Vielen Pflanzen setzen die Wetterveränderungen durch den Klimawandel ziemlich zu. Andere wiederum freuen sich »diebisch« über die steigenden Temperaturen!

Frostbeulen-Alarm

Durch die Erderwärmung wird es im Frühjahr schneller warm. Deswegen fangen auch die Pflanzen früher an zu blühen. Spät einsetzender Frost und Schnee können ihnen aber sehr schaden!

»Kletterpflanzen« der anderen Art

Vielen Pflanzen in den Bergen wird es inzwischen zu heiß. Um wieder kühlere Bedingungen zu haben, »klettern« sie nach oben. Aber: Auch von unten retten sich Pflanzen in die kühleren Höhenlagen. Sie überholen ihre grünen Kollegen oft und machen sich breit. Der Enzian ist so eine »lahme« Verliererpflanze aus den Bergen. Er steht kurz vor dem Aussterben.

Trockenheit fördert Giftpflanzen

Einige Pflanzen mögen warmes Klima aber auch richtig gern! Durch den Klimawandel verbreiten sie sich bei uns. Das Problem: Sie verdrängen andere Pflanzen und sind zum Teil giftig.

Kleines Giftpflanzen-Lexikon

Wenn du in der Natur oder im Garten auf diese Pflanzen triffst, solltest du dich fernhalten!

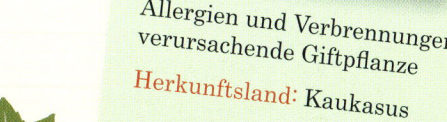

Riesenbärenklau

Allergien und Verbrennungen verursachende Giftpflanze

Herkunftsland: Kaukasus

Dort entdeckt:

....

Ambrosie

Allergien auslösendes Unkraut

Herkunftsland: warme Regionen Nordamerikas

Dort entdeckt:

....

Jakobskreuzkraut

Lebererkrankungen verursachende Giftpflanze

Herkunftsland: heimisch, breitet sich durch den Klimawandel aus

Dort entdeckt:

....

Waldsterben:
kranke Riesen

Jeder dritte Baum ist krank und weltweit verschwinden immer mehr Waldflächen von der Erde. Warum ist das so?

Gehackt und verbrannt

Pro Minute werden Regenwälder mit einer Fläche von 30 Fußballfeldern abgeholzt oder abgebrannt. Holz ist nämlich einerseits ein wichtiger Rohstoff – zum Beispiel für die Papierherstellung. Andererseits wird durch Brandrodung Weide- und Ackerfläche für die Landwirtschaft gewonnen.

Gülle: Großer Mist!

Wusstest du, dass der Kuhmist vom Feld auch vom Wald geschluckt wird? Über das Grundwasser nehmen die Bäume den Stickstoff auf, der in der Gülle steckt. Den brauchen sie zwar als Nährstoff, aber zu viel davon schwächt sie. Die Folge: Sie werden leichter krank oder von Schädlingen befallen.

Stickige Luft

Zu viel CO_2 in der Luft lässt Bäume ziemlich in die Höhe schießen. Wenn sie aber zu schnell wachsen, sterben sie früher und setzen das in ihnen gespeicherte CO_2 wieder frei. Zusätzlich macht Feinstaub sie krank. In Form einer salzhaltigen Flüssigkeit lagert er sich nämlich auf den Blättern ab und entzieht ihnen Wasser.
So trocknen sie leichter aus.

Staun-Fact:

Durch den Klimawandel gibt es extremere Stürme. Die setzen den Wäldern kräftig zu. Böen entwurzeln Bäume und Blitzeinschläge spalten ihre Stämme oder stecken sie in Brand.

Hast du's gewusst?

Um die Wälder fit für den Klimawandel zu machen, pflanzen Förster sogar neue Baumarten an. Laubbäume wie die Roteiche kommen zum Beispiel gut mit der Trockenheit durch die Erderwärmung zurecht.

Der Borkenkäfer –
gefräßiger Baumschreck

Es gibt Tiere, die den Klimawandel super finden – wie der Borkenkäfer. Weil es während des Jahres immer länger warm bleibt, kann der sich nämlich über einen größeren Zeitraum fortpflanzen. Die Folge: viele baumfressende Babys!

Schreinern für die Kleinen

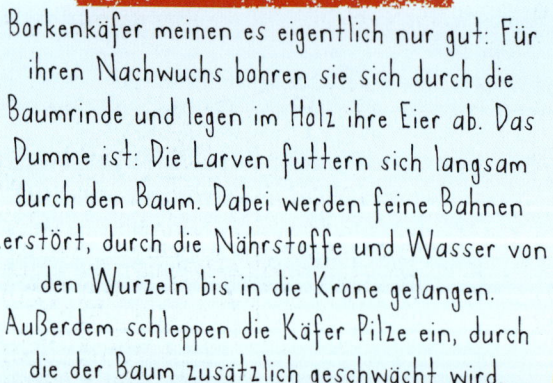

Borkenkäfer meinen es eigentlich nur gut: Für ihren Nachwuchs bohren sie sich durch die Baumrinde und legen im Holz ihre Eier ab. Das Dumme ist: Die Larven futtern sich langsam durch den Baum. Dabei werden feine Bahnen zerstört, durch die Nährstoffe und Wasser von den Wurzeln bis in die Krone gelangen. Außerdem schleppen die Käfer Pilze ein, durch die der Baum zusätzlich geschwächt wird.

!! Symptom-Check:

Daran erkennst du einen befallenen Baum!

• Bohrmehl und Harz am Stamm
• Löcher in Rinde und Holz
• Abblätternde Rinde
• Bräunliche Krone

Fieser Komplizen-Support!

Die Umweltverschmutzung und der Klimawandel helfen dem Borkenkäfer, sich auszubreiten. Denn ein geschwächter Baum kann kein Harz produzieren, weil ihm die nötige Kraft fehlt. Das Harz würde die Käfer aber abtöten, bevor sie Eier legen.

Schau genau!

Kannst du vom Borkenkäfer befallene Bäume im Wald entdecken? So viele kranke Bäume hast du gezählt:

!! Was kannst du tun? ✓

Kranken Bäumen kannst du leider nicht mehr helfen. Sie müssen von Förstern abgeholzt und aus dem Wald gebracht werden.
Deswegen gilt: Achte auf deine Umwelt und hilf mit, den Klimawandel und somit die Ausbreitung des Borkenkäfers zu bremsen.

Waldbrände

Lose Stromkabel, Brandstiftung oder Brandrodung – es gibt unterschiedliche Gründe, warum auch bei uns immer wieder Wälder brennen. Durch den Klimawandel und die trockenen Böden breiten sich die Feuer aber besonders schnell aus.

Gefährlicher Feuerkreislauf

Waldbrände verursachen mehr CO_2 als der ganze Verkehr weltweit. Wenn ein Wald brennt, wird das in den Bäumen gespeicherte CO_2 nämlich wieder in die Luft entlassen. Die Folge: Die Erderwärmung wird beschleunigt, noch mehr trockene Flächen entstehen – und es brennt noch schneller.

? Hast du's gewusst?

Eine Erde ohne Wälder hätte auch eine Erde ohne Menschen zur Folge. Denn ohne Bäume hätten wir kaum Sauerstoff zum Atmen. Außerdem wäre die Luft unerträglich schmutzig

Das kannst du tun!

- Nicht zündeln! Lagerfeuer und Fackelwanderungen im Wald sind tabu.

- Richtig recyceln! Glasflaschen gehören nicht in die Natur, sondern in den Container. Schon durch eine winzige Glasscherbe kann Sonnenlicht trockenen Boden in Brand setzen.

- Rauchverbot! Bitte deine Eltern und Freunde, im Wald nicht zu rauchen und vor allem keine glimmenden Zigarettenstummel achtlos wegzuwerfen.

- Fahrverbot! Bei heißen Temperaturen mit dem Auto über Waldwege zu fahren, ist ganz schön riskant. Der Grund: Der heiße Auspuff könnte Gräser oder Laub entzünden. Nimm lieber das Rad, als dich fahren zu lassen.

- Rufe die Feuerwehr! Melde es über die Rufnummer 112 sofort, wenn du einen Waldbrand entdeckst.

Interview: Unser Wald – das Wohnzimmer der Pflanzen und Tiere

Es riecht nach Moos, Nadeln und Harz im Wald! Marion Stadler liebt diese Gerüche. Seit drei Jahren arbeitet die gelernte Erzieherin als Waldpädagogin. In spannenden Ausflügen erklärt sie Kindern, was Wald eigentlich ist, wer darin lebt und wie wir diesen wunderbaren Lebensraum besser vor dem Klimawandel schützen können.

Was macht eine Waldpädagogin?

Als Waldpädagogin gehe ich mit Kindern in den Wald und zeige ihnen, welche Bäume es gibt und welche Tiere dort wohnen. Bei unseren Ausflügen steht immer das Erleben im Vordergrund. Im Wald kann man nämlich nicht nur spazieren gehen, man kann da auch wunderbar spielen, so einiges entdecken und seine Fantasie ausleben. Und dabei lernt man noch ganz viel.

Warum ist der Wald so wichtig für unsere Umwelt?

Der Wald ist für uns Menschen ganz wichtig, er produziert zum Beispiel Sauerstoff und reguliert unser Klima. Außerdem ist er ein wichtiger Lebensraum für die Tiere und die Pflanzen. Er ist wie ihr Wohnzimmer! Übrigens steckt er auch fast überall in unserem Alltag drin: im Tisch, im Bett, im Taschentuch – all diese Gegenstände sind aus dem Holz unserer Wälder gemacht. Das ist vielen gar nicht bewusst.

Wie verändert sich der Wald durch den Klimawandel?

Leider gibt es in vielen Wäldern Lücken, da fehlen einfach Bäume. Besonders die Fichte ist sehr anfällig für den Borkenkäfer und für Sturmschäden. Nadelwäldern geht es insgesamt sichtbar schlechter mit dem Klimawandel als Mischwäldern. Und auch die Trockenheit merkt man unglaublich stark. Vor allem das Moos ist im Sommer oft ganz trocken und raschelt. Eigentlich ist es aber sehr wichtig als Feuchtigkeitsspeicher für das ganze System Wald.

Warum kommen Mischwälder denn besser mit dem Klimawandel zurecht?

Na zum Beispiel wegen ihrer Wurzeln. Bäume in einem gesunden Mischwald haben unterschiedlich tief reichende Wurzeln und somit mehr Halt im Boden, wenn es stürmt. So kommen sie auch besser an das Wasser im Boden heran und können die Nährstoffe von weiter unten heraufholen. Die Fichte als Nadelbaum hat dagegen flache Wurzeln wie ein Teller und wird leichter umge-

weht. Mischwälder kommen mit der Trockenheit also einfach besser zurecht. Deswegen werden sie jetzt auch verstärkt angepflanzt.

Und wie kann jeder von uns dem Wald helfen?

Indem wir selber keinen Müll wegschmeißen und auch weniger produzieren! Wenn jeder bei einem Spaziergang noch dazu Müll aufhebt, den er findet, und richtig entsorgt, ist das doch schon ein toller Erfolg. Reißt nicht einfach Äste ab, tretet nicht aus Spaß auf Keimlinge und kleine nützliche Tiere wie die Ameisen – das ist auch wichtig. Meine Botschaft ist: Geht mit offenen Augen raus an die frische Luft und entdeckt eure Umwelt! Aber seid dabei wach und wertschätzend dem Wald gegenüber.

Werde selbst aktiv!

Melde dich beim Naturschutzbund in einer der spannenden NAJU-Kindergruppen an. Weitere Informationen unter www.nabu.de

Bedrohte Tierarten

Durch uns Menschen verändert sich nicht nur das Klima, auch der Lebensraum vieler Tiere ist gefährdet. Auf der Welt sind sogar 24 000 Arten vom Aussterben bedroht!

Tödlicher Tollpatsch: der Siebenschläfer

Mehr oder weniger ausversehen gefährdet der Siebenschläfer die Vogelbestände. Der Grund: Durch die Erderwärmung wacht er über einen Monat früher aus dem Winterschlaf auf. Auf der Suche nach geeigneten Höhlen für seinen Nachwuchs stößt er dort jetzt allerdings noch auf Eier und Jungtiere von Vögeln. Ratlos frisst er sie.

Hungrige Gipfelstürmer: Schneehasen

Mit leerem Bauch hoppeln muss dagegen der Schneehase. Weil es durch die Erderwärmung auch in den Bergen wärmer wird, zieht er sich wie viele Bergtiere in die Höhenlagen zurück. Dort oben wachsen aber weniger Gräser und Beeren. Er findet also kaum etwas zu fressen.

Hamster in (Wohnungs-)Not

Feldhamster leben bevorzugt auf Äckern. Viele Hamsterbaue gehen durch das Bestellen der Felder in der Landwirtschaft aber kaputt. Und mit der Ernte verschwindet auch ganz plötzlich die Nahrung der putzigen Nager. Die Folge: Sie sind kaum für die kalten Winter gewappnet.

Flattermann sucht Nacht-Snack

Unter dem Einsatz von Insektengiften in der Landwirtschaft leiden auch Tiere, die sich von den kleinen Krabblern ernähren. Besonders betroffen ist die Fledermaus. Die nachtaktiven Flattermänner finden kaum noch Nahrung.

!! Das kannst du tun!

Fledermäuse ernähren sich von Käfern, Mücken und Faltern. Und die kannst du für sie anlocken. Wie? Lege in deinem Garten ein Beet mit Schnittlauch, Minze, Apfelrose und Gartensalbei an. Auf diese Pflanzen stehen die Beutetiere von Fledermäusen ganz besonders!

Das große Krabbeln –
bald Vergangenheit?

Es schwirren immer weniger Insekten durch die Luft! Falter und Bienen, aber auch Käfer haben es durch den Einsatz von Pflanzen- und Insektengiften in der Landwirtschaft echt schwer. Außerdem verbauen wir Menschen ihnen zusehends den Lebensraum. Und der Klimawandel tut leider sein Übriges.

Was passiert, wenn es weniger Insekten gibt?

Fast alle Wild- und Nutzpflanzen werden von Insekten bestäubt. Nur so können sie Früchte tragen. Ohne Insekten hätten wir also viel weniger zu essen. Außerdem stehen sie bei einigen Tieren ganz oben auf der Speisekarte. Vögel zum Beispiel finden immer seltener Beute.

? Hast du's gewusst?

Die Bienen leiden nicht nur unter dem Einsatz von Gift, sondern auch wegen des Klimawandels. Durch die wärmeren Temperaturen schon am Jahresanfang gehen sie früher auf die anstrengende Suche nach Nektar. Wenn es dann plötzlich doch wieder kalt wird, erfrieren und verhungern sie.

!! Das kannst du tun! ✓

1. Alle meine Krabbeltierchen ...

Hilf dem Bund für Naturschutz, Insekten zu zählen! Jedes Jahr wird ermittelt, wie es um die einzelnen Arten steht. Dafür gehst du im Juni und im August in deinem Garten oder auf einer Wiese auf Erkundungstour. Begegnet dir ein Insekt, meldet du es über die kostenlose App »Insektenwelt«.

2. Werde Hotel-Besitzer!

Im Baumarkt kannst du Insekten- und Bienenhotels kaufen und sie an der Hauswand oder an Bäumen anbringen. Mit den cleveren Kästchen aus Naturmaterialien schenkst du den Tieren neuen Lebensraum und ein geschütztes Örtchen, um den Winter zu überstehen und Nachwuchs zu bekommen.

Tipp:

Auch mit dem altbewährten Vogelhäuschen hilfst du! Besonders im Winter sind viele Vögel auf zusätzliches Futter angewiesen.

Unverwüstlich!
Diese Tiere trotzen dem Wandel

Manch tierischer Schlingel kommt sehr gut mit dem Klimawandel und uns Menschen zurecht – zu gut!

Pelzige Plagegeister

Ratten lieben Müll. Und davon gibt es immer mehr! Wird der nicht richtig entsorgt oder die Mülltonne aus Versehen offen gelassen, freuen sich die pelzigen Nager über einen stattlichen Festschmaus. Die Folge: Sie vermehren sich rasant. Inzwischen sind sie in vielen Städten eine echte Plage!

Ratte gesichtet!

Wo?
....

Wann?
....

Schau genau!

Ratten-Check

Stößt du bei euren Mülltonnen oder im Garten auf viele kleine Kotwürstchen oder Kot-Kokons? Dann wohnen bei euch vielleicht Ratten! Aber Vorsicht: Fasse den Kot nicht an. Er kann Krankheiten übertragen.

Lästige Blutsauger

Zecken saugen normalweise zwischen März und November Blut, um sich zu ernähren und fortzupflanzen. Durch die immer wärmeren Winter brechen die Blutsauer allerdings ihre Winterruhe ab und stechen auch in der kalten Jahreszeit. Dabei können sie gefährliche Krankheiten übertragen, wie die Borreliose.

So wird eine Zecke richtig entfernt:

Ziehe die Zecke nicht selbst, sondern bitte einen Erwachsenen, dir zu helfen. Die Zecke sollte dabei mit einer spitzen Pinzette möglichst nah an der Haut gegriffen werden. Wichtig ist, sie gleichmäßig herauszuziehen und nicht zu drehen! Denn werden Zecken gequetscht, spucken sie Krankheitserreger aus dem Darm in die Stichwunde.

!! Tipps zum Schutz vor Zecken

• Trage lange Kleidung, wenn du in die Natur gehst. Zecken halten sich nämlich gerne im hohen Gras und im Gebüsch auf.

• Suche dich nach einem Ausflug in den Wald gründlich auf Zecken ab. Sie stechen besonders gern an warmen Hautstellen, zum Beispiel in den Achseln oder den Kniekehlen.

Wer kommt zu uns?
Tierische Klima-Einwanderer

Durch die höheren Temperaturen krabbeln und flattern allerlei Tiere aus wärmeren Regionen zu uns. Kannst du sie entdecken?

Gottesanbeterin

Die elegante Fangschrecke ist aus Afrika eingewandert. Sie ist dafür bekannt, das Männchen nach der Paarung zu fressen. Wenn sie ihrer Beute auflauert, winkelt sie die Vorderbeine ab, als würde sie beten. Du findest sie vielleicht in eurem Garten oder an Böschungen!

Asiatische Tigermücke

Winzig, aber bissig: Diese Stechmücke wohnt eigentlich in den Tropen und ist dort als Überträgerin von Krankheiten bekannt. Bei uns eingewandert ist sie im Gepäck von Reisenden.

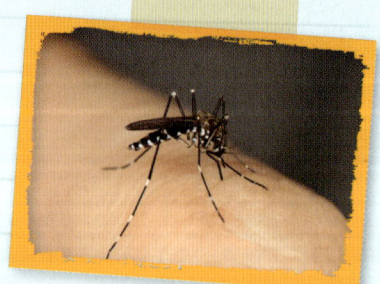

Taubenschwänzchen

Die pelzig wirkenden, großen Falter sind von Haus aus gerne am Wandern. Sie kommen aus dem Mittelmeerraum. Schwirrend und brummend suchen sie auch tagsüber auf Wiesen nach Nektar.

Bienenfresser

Er ist auffallend bunt und wandert aus Afrika, Asien und Australien wieder bei uns ein. Nur den Winter verbringt der Zugvogel noch in wärmeren Gefilden. Neben anderen Insekten stehen Bienen auf seinem Speiseplan! Du findest ihn bei Büschen und Bäumen.

Eichenprozessionsspinner

Von April bis Juni musst du dich vor diesen flauschigen Raupen aus Südeuropa in Acht nehmen. In großen Gruppen fressen sie bevorzugt Eichen kahl. Ihre Härchen können Juckreiz und starke allergische Reaktionen hervorrufen. Auch ihre flaumig-silbrigen Nester solltest du nicht anfassen.

Nichts wie weg!

Manchen Tieren wird es dagegen zu warm bei uns. Der Natterwurz-Perlmutterfalter zum Beispiel wandert von Süddeutschland nach Skandinavien aus.

95

Massentierhaltung

Jeder von uns isst im Durchschnitt 60 Kilogramm Fleisch und trinkt 50 Liter Milch pro Jahr. Ganz schön viel! Damit das möglich ist, müssen aber viele Tiere in Massentierhaltung leben.

Was bedeutet Massentierhaltung?

In der Massentierhaltung werden Tiere auf engstem Raum eingesperrt und gemästet, bis sie geschlachtet werden oder keine tierischen Produkte wie Milch und Eier mehr erzeugen können. Das Futter beinhaltet oft Hormone und Antibiotika, die sie leistungsfähiger machen. In vielen Ställen gibt es leider auch kaum Tageslicht.

Artgerecht

Auch »Nutztiere« wie Rinder, Schweine, Gänse und Hühner haben natürliche Bedürfnisse. Bio-Betriebe verpflichten sich, diese Bedürfnisse bei der Tierhaltung zu berücksichtigen. Das bedeutet zum Beispiel: Das Futter ist nicht mit Medikamenten und anderen Zusätzen belastet und die Tiere erhalten mehr Bewegungsfreiheit

Naturforscher-Ernährungs-tagebuch

Frage dich: Muss es wirklich so viel sein?

Tag 1

....

Wie oft isst du Fleisch oder Wurst? Beobachte drei Tage lang dein Essverhalten und mache für jedes einzelne Mal ein Kreuz. Da kommt eine ganze Menge zusammen!

Tag 2

....

Tag 3

....

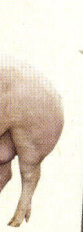

Hast du's gewusst?

Bio-Betriebe werden staatlich kontrolliert und dürfen ein Bio-Siegel nur tragen, wenn sie die Vorschriften einhalten. Vielen Tierschützern gehen die aber nicht weit genug. Private Premium-Bio-Verbände bemühen sich deswegen noch stärker um das Wohl der Tiere. Ihre Produkte kannst du im Bio-Laden oder auf Bio-Höfen kaufen.

Das stinkt zum Himmel!
Das Müllproblem im Überblick

Allein in Deutschland verursachen wir im Jahr so viel Müll, wie 128 000 Autos wiegen! Und wenn wir so weitermachen, verdoppelt sich die Müllmenge bis zum Jahr 2050 sogar noch.

Wir sind wahre Papierfresser!

Wusstest du, dass Deutschland so viel Papier wie kein anderes Land verbraucht? Jeder von uns verwendet 241,7 Kilo im Jahr. Das entspricht ungefähr dem Gewicht eines ausgewachsenen Gorillas. Die Herstellung von Papier benötigt aber auch noch eine ordentliche Menge Wasser. Für ein einziges Blatt Papier sind es schon allein zehn Liter!

Für die Mülltonne gekauft

Jährlich werfen wir pro Haushalt 85 Kilo Lebensmittel einfach weg. Über die Hälfte davon wäre aber vermeidbar – nämlich wenn wir weniger kaufen und die Lebensmittel richtig lagern würden, sodass sie nicht vorzeitig verderben.

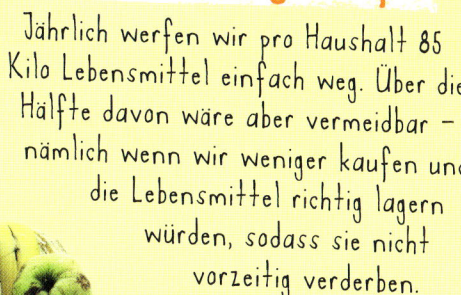

Probier's aus!

Wie oft wirfst du am Tag etwas weg? Zähle jedes einzelne Mal mit und schreibe am Abend das Ergebnis hier auf. Ganz schön oft, oder?

Dein Ergebnis:

Kleinvieh macht auch Mist

Jeder Einzelne von uns produziert Müll. Mit ein paar Tricks können wir alle unseren Abfall aber deutlich reduzieren. Auch du. Pack's an!

Tipps gegen Lebensmittelverschwendung

Totgesagte leben länger:

Ein verstrichenes Haltbarkeitsdatum bedeutet nicht automatisch, dass ein Lebensmittel nicht mehr essbar wäre. Nudeln, Reis, Honig und Marmelade sind zum Beispiel noch viele Wochen haltbar.

Clever einkaufen:

Kaufe nur das, was du wirklich brauchst. Und vergiss nicht, später auch die Reste aufzubrauchen.

Umweltschonend trinken:

Verzichte auf PET-Flaschen und trinke stattdessen Leitungswasser. Das ist genauso »gesund« wie das Wasser aus dem Supermarkt.

Tipps gegen die Verpackungsflut

Verzichte auf Neuware:

Muss es immer was Neues sein? Viele Produkte erhältst du auch secondhand. Die sind meistens genauso gut wie die neuen – und in der Regel unverpackt.

Schau genau hin:

Im Supermarkt gibt es viele Produkte, die zusätzlich zur Hauptverpackung einzeln abgepackt sind. Meistens ist das ganz unnötig. Vermeide es, solche Produkte zu kaufen, beispielsweise bei Süßigkeiten.

Kaufe vor Ort:

Wenn du online kaufst, muss die Ware für den Versand zusätzlich verpackt werden. Kaufe also lieber vor Ort ein und verwende für den Transport statt einer Plastiktüte einen Jutebeutel.

Hast du's gewusst?

Ak(k)ute Lage! Smartphones sind echte Müllsünder. Bei ihrer Herstellung wird nicht nur viel CO_2 ausgestoßen. Ihre Akkus können auch schnell kaputtgehen und sind oft nicht auswechselbar.

Das ist doch für die Tonne!

Mülltrennung ist wichtig für die Umwelt. Das Zauberwort heißt Recycling! Es bedeutet, dass Abfall zu etwas Neuem weiterverarbeitet wird. Dafür müssen aber erst die einzelnen wiederverwertbaren Bestandteile und Rohstoffe vom restlichen Müll getrennt werden.

Kleines Mülltonnen-Latein

1 Braune oder grüne Tonne
Das darf rein: Biomüll wie Essensreste, Küchenpapier, Teebeutel

2 Blaue Tonne
Das darf rein: Altpapier. Vorsicht: Beschichtetes Papier (Kassenzettel, Aufkleber, Fotos etc.) gehört in den Restmüll. Es enthält oft umweltschädliche Stoffe!

3 Gelber Sack oder gelbe Tonne
Das darf rein: Verpackungsmüll aus Plastik oder Metall wie Gummibärchen-Tüten, Zahnpasta-Tuben, Shampoo-Flaschen

4 Restmüll (wird nicht recycelt!)
Das darf rein: Müll, der nicht in die anderen Tonnen gehört und kein Sondermüll ist.

Probier's aus!

Wirf diesen Abfall jeweils in die richtige Tonne.
Schreibe dafür die Nummer der entsprechenden Tonne
in das Kästchen.

a) Kaugummipapier

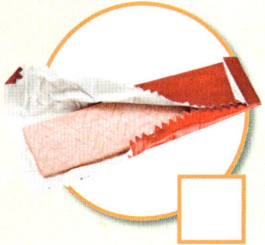

b) Schulhefte

c) Kaffeefilter

d) gebrauchtes Taschentuch

Lösung: a: 3, b: 2, c: 1, d: 4:
Grund für a und d: Kau-
gummipapier besteht aus
Papier und Aluminium, also
aus Metall. An gebrauchten
Taschentüchern können
Krankheitserreger haften,
deswegen werden sie nicht
recycelt, sondern verbrannt.

Sondermüll, Elektroschrott und Co.

Müll kann einerseits giftig sein, er kann aber auch noch besondere Rohstoffe enthalten. Dieser Sondermüll muss auf einer Sondermüll-Deponie entsorgt werden. Dazu gehören Batterien, Akkus, Lacke und Medikamente. Elektroschrott kannst du dagegen zurück zum Händler bringen. Und für Altglas gibt es eigene Container!

Verbrannt, verschifft, verwertet

Was passiert eigentlich mit unserem ganzen Müll, wenn er erst mal da ist? Hier erfährst du es!

· · · · · · · · · · · · · · ·

Bioabfall: aus Müll wird Strom!

Der Großteil des Bioabfalls wird in Kompostieranlagen gebracht, wo Blumenerde oder Dünger aus ihm gemacht wird. Aus dem anderen Teil wird in Biogasanlagen Strom gewonnen, also echte Energie!

Papiermüll: gequetscht und gewürfelt

Unser Papiermüll wird auf Papier-Recyclinghöfen sortiert, gepresst und zu riesigen Papierwürfeln geformt. In Papierfabriken werden sie weiterverarbeitet – zum Beispiel zu Klopapier und Papierhandtüchern. Papier kann übrigens bis zu sechsmal recycelt werden!

?? Quizfrage

Was lässt sich mit der Energie aus einer einzigen Bananenschale erreichen?

a) Ein elektrisches Spielzeugauto fährt zwei Meter weit
b) Ein MP3-Player spielt bis zu fünf Lieder ab
c) Eine Glühlampe brennt 34 Minuten lang

Lösung: c) Erstaunlich! Eine Glühlampe mit 11 Watt leuchtet über eine halbe Stunde lang durch die Energie, die aus einer einzigen Bananenschale gewonnen wird.

Biogasanlage

Verpackungsmüll: Recycling-Bremsklotz

In Sortieranlagen werden Metall und Plastik voneinander getrennt. Aus dem Metall werden zum Beispiel Getränkedosen gemacht und aus den Kunststoffen Blumentöpfe oder Kinderspielzeug.
Aber: Der meiste Verpackungsmüll kann leider nicht recycelt werden, weil er aus zu vielen unterschiedlichen Mischstoffen besteht.

Restmüll: giftige Asche und CO_2

Restmüll wird nicht recycelt, sondern in Müllverbrennungsanlagen verbrannt. Das Problem: Die Schadstoffe aus dem Müll bleiben in der Asche zurück. Und die muss dann als Sondermüll entsorgt werden. Und außerdem entsteht natürlich CO_2, das die Umwelt belastet.

? Hast du's gewusst?

Reiche Länder transportieren ihren giftigen Müll in arme Länder, wie nach Afrika oder Osteuropa.
Der Grund: Das ist billiger, als ihn daheim zu entsorgen.

Die Plastikflut –
Warum bald keiner mehr Nemo findet

Wir produzieren ganze Berge aus Plastik.
Was nicht verbrannt wird, landet auf
Deponien oder noch schlimmer: im Meer.
Bis 2050 könnte es deswegen sogar
mehr Plastik im Meer geben als Fische!

Warum ist Plastik so ein Problem?

Plastik verrottet nicht. Außerdem zerfällt
es nur sehr langsam, und übrig bleiben dann
minikleine Plastikteilchen – das Mikroplastik.
Das schadet der Umwelt und macht die Tiere
im Meer krank.

Wie kommt das Plastik ins Meer?

In vielen Ländern gibt es kein Abfallsystem wie
bei uns. Dort wird der Müll einfach irgendwo
abgeladen und gelangt zuerst in die Flüsse und
dann ins Meer. Aber auch in vielen Waschmit-
teln und Kosmetikprodukten bei uns ist Mikroplastik enthalten. Ist es erst mal im Abwasser,
ist auch der Weg zum Meer nicht weit.

Quizfrage

Wie lange braucht eine Plastikflasche,
um sich im Meer zu zersetzen?

a) 4 Jahre

b) 45 Jahre

c) 450 Jahre

Lösung: c) Eine Plastikflasche braucht ungefähr 450 Jahre, um in Mikroplastik zu zerfallen. Eine Plastiktüte benötigt 10 bis 20 Jahre.

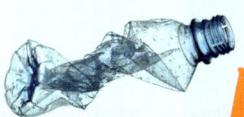

Staun-Fact:

Jeder von uns nimmt pro Woche etwa 5 Gramm Mikroplastik zu sich – und zwar über das Essen, das Trinken und sogar die Luft. Das ist so viel wie eine Kreditkarte!

Checkliste:
Tipps für Umweltretter!

• Kaufe keine Badartikel mit Mikroplastik. Das ist nämlich gern in Produkten wie Duschgel oder Zahnpasta versteckt. Eine Liste mit Kürzeln, die auf enthaltenes Plastik hinweisen, findest du online bei Greenpeace.

• Kaufe keine Kleidung aus synthetischen Stoffen. Viele Klamotten verlieren beim Waschen winzige Fasern, die dann im Meer landen. Hinweis darauf geben unter anderem die Bestandteile Elastan oder Polyester.

BANK

1234 5678 9987 6087

12/22

CARDHOLDER NAME

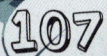

Die Schnauze voll:
So leiden die Tiere unter unserem Müll

Jeden Tag wachsen die Müllberge weltweit an. Und auch im Meer treibt stündlich neuer Abfall. Besonders schlimm ist das auch für die Tiere!

Meerestiere

Tödlicher Snack

Fische und auch Säugetiere wie Wale schlucken besonders oft Plastik. Sie verwechseln die Müllreste mit Nahrung. Die Folge: Ihre Bäuche füllen sich, aber sie nehmen keine Nährstoffe auf. Also verhungern sie.

Billiges Wohnen

Krebse und kleine Oktopusse verwenden ausgediente Plastikgefäße als neues Zuhause. Manchmal verirren sich die kleinen Tiere aber darin und finden nicht mehr hinaus.

Gefährliche Fallstricke

Viele Meerestiere verletzen sich leider auch an Müll, der im Meer treibt. Fische, Meeresvögel, Schildkröten oder Robben bleiben in alten Fischernetzen oder anderem Treibgut stecken und verenden.

Landtiere

Trügerisch duftendes Festmahl

Wildtiere fühlen sich von Müll magisch angezogen. Der Grund: Er duftet! Bei der Suche nach Fressbarem verletzen sich Rehe, Waschbären oder Igel an Dosenöffnungen oder Glasscherben.

Gefährliches Bettchen

Vögel staffieren ihre Nester inzwischen auch mit Plastikfolien und sonstigen Müllteilen. Die Folge: Die Vögel verheddern sich in den Plastikfasern. Im Nest sammelt sich außerdem durch die Folien mehr Regenwasser. Die Küken kühlen also schneller aus und erfrieren oder ertrinken.

Probier's aus: Plogging!

Wenn du den Tieren bei dir zu Hause etwas Gutes tun möchtest, dann probier's mit Plogging. Das ist ein neuer Kult-Sport aus Schweden. Dabei sammelst du während des Joggens Müll auf!

Mitmachtipps für Umweltretter:
Weniger Müll!

Es gibt so viele Möglichkeiten, Müll zu reduzieren. Hier sind ein paar weitere Beispiele für dich!

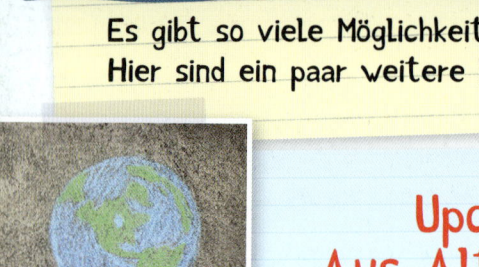

Upcycling:
Aus Alt mach Neu

- Klamotten: Deine Jeans hat Löcher? Kein Problem! Nähe dir doch eine hübsche Tasche, einen Sonnenhut oder eine Schutzhülle für dein Smartphone daraus. Das funktioniert natürlich auch mit anderen Kleidungsstücken.

- Leere Milchtüten: Mit leeren Milch- und Safttüten oder auch PET-Flaschen lässt es sich super basteln. Im Internet findest du viele tolle Ideen und Anregungen!

- Kaputtes retten: In vielen Städten und Gemeinden gibt es Reparaturinitiativen. Dort kannst du kaputte Geräte oder Spielsachen mit fachkundiger Unterstützung selbst reparieren.

Was ist eigentlich Nachhaltigkeit?

Nachhaltigkeit bedeutet, dass nur so viel verbraucht wird, wie nachkommt. Denn wir möchten die Welt ja so hinterlassen, dass auch die Kinder in der Zukunft noch gut leben können.

Shopping-Hacks

- Snacks & Mahlzeiten für unterwegs: Nimm dir dein Essen lieber von zu Hause mit. Der Grund: Snacks und Speisen in Supermärkten sind meistens aufwendig verpackt.

- Schön nachhaltig: Bei vielen Hygieneartikeln kannst du Plastik reduzieren. Shampoo gibt es auch als festes Seifenstück, Zahnbürsten aus Bambus und die Zahnpasta statt in der Tube im Glas.

- Unverpackt-Läden: In diesen Läden findest du nur plastikfreie Produkte und Lebensmittel ohne Verpackungsmüll. Nimm dir vor dem Einkauf einfach ein paar Abfüllbehälter von daheim mit.

Bildnachweis Naturforscher Unsere Umwelt 3494